A+K Weltenbummler - Tunesien

Wir, A+K Weltenbummler, mit Namen Angela und Klaus, verreisen für unser Leben gern und haben in den letzten 30 Jahren viel gesehen und erlebt, haben Länder und Menschen kennengelernt. Dabei bereisten wir von der Karibik bis zu den Philippinen und vom Nordkap bis nach Kenia unsere schöne Erde. Je nach Erreichbarkeit erlebten wir die besuchten Länder im Rahmen einer Pauschalreise, per Wohnmobil oder individuell organisiert. In unseren Reiseberichten sind unsere Erlebnisse, Abenteuer und Entdeckungen mit vielen Bildern und in kurzweiliger Form niedergeschrieben. Sie können für die eigene Reiseplanung herangezogen werden oder einfach nur in fremde Länder entführen.

Tunesien

Ausflüge im Land und Jeep-Safari in der Sahara

von
A+K Weltenbummler

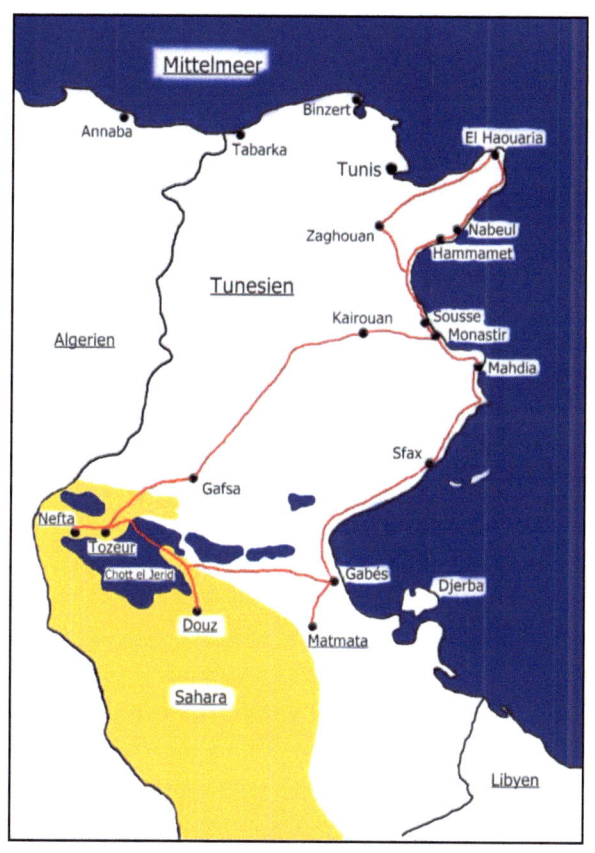

Bibliografische Information der Deutschen Nationalbibliothek:
Die Deutsche Nationalbibliothek verzeichnet diese Publikation
in der Deutschen Nationalbibliografie; detaillierte bibliografische
Daten sind im Internet über http://dnb.dnb.de abrufbar.

© 2015 A+K Weltenbummler

Herstellung und Verlag:
BoD – Books on Demand, Norderstedt

ISBN: 978-3-7392-1344-6

Die Wahl, wohin es in diesem Jahr in den Urlaub gehen soll, fiel uns leicht. Es sollte einmal etwas ganz anderes sein. Wir wollten raus aus Europa und rein nach Afrika, genauer gesagt, Nordafrika. Zwei nordafrikanische Länder kämpften um die Gunst: Marokko und Tunesien. Ich besorgte mir also entsprechende Reisekataloge und blätterte sie durch. Tunesien ist preislich günstiger und trug daher den Sieg davon. Die Wahl eines interessanten Urlaubsortes fiel dann nicht mehr so leicht. Ich suchte mir alles Material, welches ich von Tunesien besaß, zusammen und informierte mich über die einzelnen Regionen. Unser Urlaubsort sollte zentral gelegen sein. Beim Durchstöbern fand ich heraus, dass Tunesien ein kleines Land ist und man es schaffen könnte, sich nahezu jede tunesische Region anzusehen. Nach reiflicher Überlegung stand Mahdia als Urlaubsort fest, der am südlichsten gelegene Ferienort in Tunesien, der auch noch nicht so überlaufen ist, wie etwa die bekanntesten Urlaubsorte Sousse, Monastir und Hammamet.

Wir buchten die Reise im Reisebüro, bezahlten sie eine Woche vor Reiseantritt und am 3. Juni ging es dann los, vierzehn Tage Sonne zwischen dem schlaffen Regenwetter in Deutschland.

Um 2.30 Uhr war die Nacht vorbei. Klaus´ Sohn fuhr uns zum Frankfurter Flughafen, bevor er seinen Dienst antrat. Um 5 Uhr kamen wir am Flughafen an. Die Zeit zur Abfertigung war normalerweise noch nicht ran, aber der Schalter hatte schon geöffnet. Deshalb nutzten wir gleich die Gelegenheit, die großen Koffer los zu werden. So brauchten wir uns nicht mehr mit ihnen herumzuplagen. Den Rest der Zeit, bis zum Aufruf in den Transitraum, verbrachten wir damit, uns ganz gemütlich im Flughafengebäude umzusehen. Wir stöberten in Boutiquen, Cafés, Buchläden und in den Ausstellungen.

Um 7.15 Uhr startete das Flugzeug, eine Boeing 757, nach Monastir in Tunesien und wir verließen das graue, regnerische Deutschland. Ab dem Schwarzwald herrschte bestes Flugwetter, so dass wir die Alpen, Italien und das Mittelmeer sehen konnten. Die genaue Flugroute führte über Mannheim, Stuttgart, Zürich, Mailand, Florenz, Rom und Sizilien, bei einer durchschnittlichen Fluggeschwindigkeit von 800 km/h, einer Flughöhe von 11.000 Metern und einer Flugzeit von zwei Stunden und fünfzehn Minuten. Um 10.15 Uhr Ortszeit landete das Flugzeug in Monastir.

Der Flughafen von Monastir ist klein und gemütlich und liegt inmitten von Salinen, künstlichen Salzseen. Die Sonne lachte und es war herrlich warm. Das Herz machte einen riesen Luftsprung, endlich einmal Sommerwetter. Jedes Jahr lässt zu Hause der Sommer länger auf sich warten.

Bevor wir den Zoll passierten, mussten wir eine Zählkarte ausfüllen. Mit dieser und unserem Pass reisten wir offiziell in Tunesien ein. Beim Koffer abholen erlebten wir gleich die erste Überraschung. Klaus´ Koffer war stark beschädigt, praktisch nicht mehr verwendbar. Deshalb suchten wir gleich das Büro für die Reklamationen auf. Dort war man nett zu uns, als Klaus sein Problem beschrieb. Der Flughafenbeamte begutachtete den Schaden und füllte einen Schadensbericht aus. Alles andere müssten wir in

Frankfurt klären, wenn wir zurück sind. Notdürftig packten wir den Koffer zusammen, der nun nur noch von einem angenähten Riemen zusammen gehalten wird.

Flughafen von Monastir

Dann suchten wir unsere Reiseleitung, die uns vom Flughafen abholen sollte. Es warteten viele Reiseleitungen auf ihre Gäste. Nach kurzem Suchen hatten wir die richtige gefunden. Sie hakten unsere Namen in ihrer Liste ab und wiesen uns einen Bus draußen auf dem Parkplatz zu. Die Kofferträger drängten sich vor dem Ausgang und boten ihre Dienste an. Wir verzichteten, hatten bis jetzt noch kein tunesisches Geld. Tunesisches Geld darf weder ein- noch ausgeführt werden. Deswegen konnten wir in Deutschland nichts eintauschen.
Wir trugen und fuhren also unsere Koffer selbst zum Bus, wo sie in der Ladeluke verschwanden. Nach langer Zeit auf dem Parkplatz, da noch zwei Leute fehlten, die wohl ihr Gepäck nicht bekommen hatten, fuhr der Bus endlich los. Unsere Uhren hatten wir eine Stunde auf die Ortszeit vorgestellt.
Vom Flughafen zum Hotel fuhr der Bus eine Stunde, besser gesagt, jagte halsbrecherisch über die Pisten. Dabei blieb unbeachtet, ob es sich um eine Straße innerorts oder um eine Landstraße handelte. Die Hupe ist das wichtigste Instrument am Auto, fast ständig in Gebrauch. Fahrspuren existieren zwar, werden jedoch von den Fahrzeugführern vollkommen ignoriert. Die Gegenfahrbahn wird genauso mit benutzt, wie die eigene Fahrspur. Manchmal muss dann halt der Gegenverkehr sehen, wo er bleibt. Fußgänger, Rad- und Mopedfahrer sind lebensmüde Leute. Die werden einfach, solange es noch möglich ist, in die letzte Ecke gedrängt. Erst, wenn das alles nicht mehr funktioniert, wird gebremst. Das waren jedenfalls unsere ersten Eindrücke vom Straßenverkehr in Tunesien. Später kamen wir hinter die Geheimnisse desselben und das wilde Chaos wandelte sich in ein geordnetes Chaos, mit dem wir auch ganz gut zurecht kamen.
Nach einer Stunde Fahrzeit setzte man uns, zusammen mit einem Ehepaar, im Hotel „Thapsus" in Mahdia ab. Ziemlich am Ende unseres Urlaubs erfuhren wir, dass das Hotel nach einer alten, in der Nähe liegenden, phönizischen Siedlung benannt worden war. Das Hotel wurde 1992 gebaut.

Der Hotelboy brachte die Koffer nach drinnen zur Rezeption, wo wir uns anmeldeten. Während wir die Anmeldung ausfüllten, begrüßte man uns mit einem leckeren, kühlen Fruchtdrink.

Gegen 11.30 Uhr bezogen wir unser Zimmer. Es ist ganz nett, mit Balkon und Blick auf das Meer und das Hotelgelände.

Die Sonne scheint herrlich und trocknet schnell die letzten Reste des morgendlichen Gewittergusses. Ebenso schnell verschwinden die letzten Wolken.

Eingang zum Hotel „Thapsus"

Hotelgelände

Innengelände des Hotels

Hotelhalle

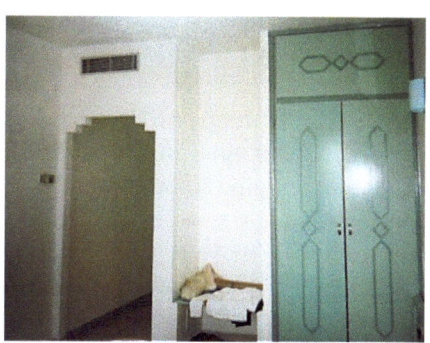
im Zimmer

Zimmer mit Balkon

An der Rezeption erhielten wir einen Zettel, dass am nächsten Tag ein erstes Treffen mit der Reiseleiterin vor Ort stattfinden soll. Dann würden wir allgemeine und besondere Dinge, unseren Urlaub betreffend, erfahren.
Für den Rest des Tages hatten wir also frei. Diese Freizeit nutzten wir für einen ausgedehnten Spaziergang Richtung Mahdia. Entgegen unserer Meinung liegt das Hotel etwa sieben Kilometer von Mahdia entfernt. Man hat in Tunesien touristische Zonen eingerichtet, in denen sich die weitläufigen Hotelanlagen befinden. So werden die Einheimischen nicht zu sehr in ihren Lebensgewohnheiten gestört und die Urlauber haben ihr eigenes Areal. Die Gewinner dieses Schachzuges sind vor allem die Taxifahrer, die ununterbrochen Leute von den Hotels in die Stadt bringen und umgekehrt.
Also, unser Spaziergang begann mit der Suche des Hotels, das als Treffpunkt mit der Reiseleiterin bestimmt ist. Es soll etwa zehn Gehminuten Richtung Mahdia liegen. Wir liefen die Straße, die an den Hotels vorbeiführt, entlang. Das benachbarte Hotel befindet sich noch im Bau, dann kommt das Hotel „El Fatimi" und vorläufig als letztes, das Hotel „Mahdia Palace", wo wir am nächsten Tag sein sollen.
Vor dem letzten Hotel breitet sich eine große freie Fläche aus, dann teilt sich die Straße. Einmal führt sie weiter an den Hotels verschiedener Klassen vorbei, und einmal in die Stadtmitte. Wir nahmen die Straße in die Stadtmitte und kamen in den Randbereich von Mahdia, wo fast alle Häuser ziemlich neu gebaut sind oder sich noch im Bau befinden. Abseits der Straße, auf der wir gingen, gibt es keine asphaltierten Wege, nur noch natürlichen Untergrund. Überall liegt zwischen den verstreut liegenden Häusern der Bauschutt. Sogar ein Kamel entdeckten wir inmitten des Chaos. Insgesamt sieht das ganze Gelände wie eine Abfallhalde aus. Ordnung ist in Tunesien wohl ein Fremdwort. Wir wussten nicht, wie weit das Zentrum von Mahdia noch entfernt ist, denn wir konnten auf unserem Weg nicht viel von unserem Ziel erkennen. So schlugen wir irgendeine Richtung ein, solange sie uns augenscheinlich zum Meer führt. Dabei bestaunten wir die maurische Architektur: Ecken, Türmchen, Arkaden, Pergolen, Bögen, Vordächer mit glasierten Dachziegeln, Kuppeln und einige weitere

Gestaltungselemente. In Deutschland würde es niemandem mehr einfallen, soviel „unnütze" Elemente mit einzubeziehen, vom Kostenfaktor einmal abgesehen.

Irgendwann erreichten wir doch wieder das Wasser und den Strand. Jetzt erkannten wir, dass es bis zur Altstadt von Mahdia immer noch ein ganzes Stück zu laufen ist. Inzwischen waren wir schon seit eineinhalb Stunden auf der holprigen, mit Splitt bestreuten Straße unterwegs und meine Füße begannen zu schmerzen. Deshalb kehrten wir vorerst um und nahmen den Rückweg am Strand entlang. Mit nackten Füßen liefen über den feinen, weichen Sand, wo ebenfalls überall Müll verstreut liegt. In Tunesien existieren zwar Müllabfuhr und Deponien, aber mit der Ordnung hapert es. Viel geht beim Laden daneben oder der Wind fegt den Abfall von der Deponie in die Umgebung. Vor allem zieren überall schwarze Plastiktüten die Landschaft, ein Zeichen, dass der Westen Einzug in diesem Land hält. Wenigstens ist es in und um die Hotelanlagen einigermaßen sauber.

Ab und zu liegen am Strand zentimeterdicke Schichten Muschelbruch, komischerweise nur stellenweise. An anderen Stellen finden sich wiederum kaum Muscheln.

noch im Bau befindliches Hotel   am Strand von Mahdia

Am Hotel angekommen, blickten wir den Weg zurück und dachten, so weit konnten wir gar nicht gelaufen sein. In der Sonne ist das Cap von Mahdia kaum noch zu erkennen. Dreieinhalb Stunden waren wir unterwegs.

Zu den jeweiligen Hotels gehören verschiedene Wassersportstützpunkte, die am Strand ihre Dienste anbieten. Da ist wohl für jeden etwas dabei: Parasailing, Bananenboot, Jetski, Tretboot und Powerreifen. Zudem kann man sich Luftmatratzen und Schwimmhilfen ausleihen.

Am Nachmittag mussten wir erst einmal Geld tauschen, denn wir besaßen immer noch kein tunesisches Geld. Der Tauschkurs ist irgendwie frustrierend, denn wir bekamen weniger Dinar heraus, als wir in unserer Währung hingaben. Die tunesische Währung weist jedoch eine Neuheit für uns auf. Die Unterteilung des Dinars ist nicht wie bei uns 1,- Euro = 100 cent, sondern der Dinar wird in 1000 Millimes unterteilt, also tausender Stückelung. Das ist etwas gewöhnungsbedürftig, aber wir kamen ganz gut zurecht damit.

Jetzt wollte Klaus baden gehen. Der Wind wehte gerade kühl und kräftig, so dass ich es vorzog, an Land zu bleiben. Klaus dagegen stieg einmal kurz in das südliche Mittelmeer und begann damit offiziell seinen Urlaub. Danach absolvierten wir einen weiteren langen Spaziergang am Strand entlang, in die andere Richtung.

Zum Abend kehrten wir ins Hotel zurück und kultivierten uns für das Abendessen, welches von 19 bis 21 Uhr bereit steht. Es fällt immer reichlich aus. Das üppige Buffet besteht aus verschiedenen warmen Speisen und Salaten. Die Getränke mussten wir zum Abendbrot selbst bezahlen, zu Hotelpreisen, versteht sich.

Im Laufe des Tages sprachen uns verschiedene Hotelangestellte an, ob wir nicht Lust hätten, morgen vom Hotel aus in die Altstadt von Mahdia zu fahren. Der Preis für diese Fahrt ist im Hotelpreis inklusive. Zum Abendessen bot uns ein anderer Angestellter für den Donnerstagabend einen Folkloreabend an. Wir sagten natürlich für beide Vorhaben zu, denn wir wollten einiges sehen und erleben.

Nach dem Abendbrot erkundeten wir das Hotel und fanden dabei das Animationsbüro, in dem man noch weitere Veranstaltungen buchen und sich auch Spiele ausleihen kann. Außerdem informierten wir uns über die Mietwagenpreise und checkten unsere Möglichkeiten ab. Bei den Mietwagen- und Ausflugspreisen schwand schnell mein Optimismus, möglichst viel von Tunesien sehen zu können.

Zum Abschluss des Abends setzten wir uns in die fantastisch hergerichtete Hotelhalle. Fast alles besteht aus Marmor oder ist zumindest mit Marmor verkleidet. Der größte Teil des Marmors, der in Tunesien verwendet wird, kommt aus Italien. Die Halle wird von mächtigen Pfeilern getragen, eine Galerie führt rundherum und in der Mitte steht ein Brunnen, natürlich auch aus Marmor.

Wir beobachteten das Treiben, denn diese Halle ist ein beliebter Treffpunkt, solange es abends noch so kühl draußen ist.

Morgens standen wir meistens so gegen 7 Uhr auf und gingen frühstücken. Das Frühstücksbüffet besteht aus verschiedenen Weißbroten, Butter, Marmelade, zwei Sorten Wurst und Eiern. Als Getränke sind Café au lait, Kakao, Tee oder Saft im Angebot.

Um 9.30 Uhr fand der erste Termin mit unserer Reiseleiterin im benachbarten Hotel „Mahdia Palace" statt. Die Reiseleiterin hieß Karin Sfar Gandoura. Sie erzählte uns etwas zu den Abflugmodalitäten bei der Heimreise, zu den Gepflogenheiten im Hotel und auswärts sowie zu den Ausflugsmöglichkeiten. Es werden Halbtages-, Tages-, Zweitages- und Dreitagesausflüge angeboten. Die Wahl zwischen Mietauto und organisierter Fahrt fiel uns sehr schwer. Die Drei-Tage-Wüstensafari mit dem Jeep wollten wir jedoch unbedingt mitmachen. Da ist in Richtung Süden im Prinzip alles dabei, was wir uns ansehen wollen. Alle anderen Ausflüge mussten wir erst noch planen und zeitlich organisieren. Wir brauchten uns nur zu melden, wenn wir uns entschieden hätten. Unser von zu Hause mitgebrachtes Geld reichte da bei weitem nicht aus. Zu den Fahrten gehören dann immer noch fakultative Unternehmungen, die die ohnehin schon happigen Preise noch weiter in die Höhe treiben.

Über Mittag gingen wir das erste Mal richtig an den Strand, wollten uns schön sonnen und baden gehen, bis um 16 Uhr der nächste Termin rief. Wir lagen noch keine halbe Stunde am Strand, da hatte sich die Sonne auch schon verabschiedet. Bis auf ein paar kurze Aufheiterungen zog sich der Himmel für den Rest des Tages zu.

Am Nachmittag begann eine Animationsrunde mit verschiedenen Spielen für die Hotelgäste. In dieser Richtung wird jeden Tag im Rahmen eines festen Programms viel unternommen. Die Gäste können ihre Zeit unter anderem auch mit Aerobic, Wassergymnastik, Spielen, Bogenschießen, Minigolf, Boccia und Tennis vertreiben. Die Kinder vergnügen sich im Miniclub. Abends finden bunte Veranstaltungen auf der Showbühne oder im Nachtclub statt.

Um 16 Uhr fuhren wir mit Salem, so hieß unser zuständiger Hotelangestellter, nach Mahdia. Die kleine Stadtrundfahrt führte zuerst über den alten Hafen zur Altstadt. Vor dreitausend Jahren war der einzige Zugang nach Mahdia nur das Tor am Cap Africa, am alten Hafen. Ein paar Reste stehen noch heute am Cap. Rund um dieses Gelände breitet sich der alte Seemannsfriedhof aus, der auch heute noch in Benutzung ist.

der alte Hafen mit Seemannsfriedhof

allgemeiner Friedhof an der Festung

Salem erklärte, dass die alten Gräber nie entfernt werden, sie verfallen einfach irgendwann. Dadurch weisen die Friedhöfe in Tunesien, zumindest rund um die Städte, riesige Ausmaße auf, im Verhältnis zu den Einwohnerzahlen. Anhand der Grabsteine lässt sich erkennen, ob es sich um einen Mann oder eine Frau handelt, auch wenn man die Inschrift, so es denn eine gibt, nicht lesen kann. Bei den Männern wird am Kopfende ein kleiner zusätzlicher Stein auf der Grabplatte aufgestellt, bei den Frauen dagegen stehen am Kopf- und am Fußende solche Steine. Irgendwie hat das etwas mit dem Glauben der Moslems zu tun. Früher bestanden die Grabsteine aus Sandstein, heute werden sie mit Fliesen oder Marmorplatten verkleidet. Reiche Leute besitzen einen Grabstein aus massivem Marmor oder sogar ein Mausoleum im Stil einer kleinen Moschee, Marabout genannt.

An der Festung von Mahdia vorbei fuhren wir anschließend zum neuen Hafen weiter, besuchten den Gemüsemarkt und den Fischmarkt, der allerdings um diese Zeit schon lange leer ist. Marktzeit ist hier morgens von 5 Uhr bis kurz vor die Mittagszeit.

Beim Bummel durch die Altstadt von Mahdia führte uns Salem durch die Gassen mit ihren Händlern, bis wir an ein Teppich- und Souvenirgeschäft kamen. Dort bat man uns herein, um die tunesischen Teppiche zu bewundern. Wir erklärten gleich vorneweg, dass wir nicht die Absicht hätten, einen Teppich zu kaufen, da wir uns schon in Istanbul für die nächste Zeit eingedeckt hätten. Damit wollten wir gleich klare Verhältnisse schaffen, denn wir wussten, dass Teppichverkäufer meistens sauer reagieren, wenn man nichts kauft.

Wir wurden trotzdem herein gebeten, nur um zu schauen, und wurden mit einem Tee bewirtet. Man zeigte uns nun verschiedene große und kleine Teppiche verschiedener Qualitäten. Mit ein wenig Kenntnis der Dinge lassen sich gut die verschiedenen landestypischen Muster der Teppiche einordnen. Bei der interessanten Präsentation war unter anderem von Berbermustern, Hochzeitsteppichen und Gebetsteppichen die Rede, anschließend fragten wir nach den Preisen für die Teppiche. Die liegen zum Teil bei der Hälfte derjenigen in Istanbul. Nun, bei den kleinen Gebetsteppichen, wie wir sie uns mitbrachten, sind die Unterschiede nicht so groß. Ich stellte jedoch fest, dass wir damals in Istanbul viel mehr hätten handeln sollen.

Teppichknüpfer

jede Menge Teppiche   Gebetsteppiche aus Seide

Bei einem der großen Seidenteppiche fragten wir den Händler, wo der Fehler im Teppich liege. Er sah uns sehr fragend an, aber wir hatten gelernt, dass nur Allah alleine vollkommen ist und die Menschen immer Fehler machen, selbst wenn dies mit Absicht geschehen müsse. Der Verkäufer konnte uns darauf nichts sagen, von der Sache hatte er wohl noch nie gehört. Auf einmal sagte Klaus, dass er den Fehler gefunden hat. In der Bordüre des Teppichs war ein Muster mit schwarz „ausgemalten" Vierecken, nur eines davon war weiß. Diesen Fehler zu finden glich allerdings bei dem winzigen Muster einer Meisterleistung. Wahrscheinlich war es nur Zufall, dass Klaus den Fehler fand. Vielleicht sollte es auch so sein, damit wir dem Händler den Wahrheitsgehalt unserer Geschichte darlegen konnten. Der staunte jedenfalls nicht schlecht.
Irgendwann meinten wir dann endlich, dass das alles sehr interessant ist und dass wir unseren nächsten Teppich in Tunesien kaufen würden, aber im Moment besteht kein Interesse. Mit langen Gesichtern des Teppichhändlers und Salems, der nun keine Provision bekam, wurden wir in die Souvenirabteilung geleitet. Dort wollten wir jedoch ebenfalls noch nichts kaufen, da es der erste Tag unseres Urlaubs war und wir uns erst einmal über die Angebote im Allgemeinen informieren wollten. Im Souvenirgeschäft stehen Wasserpfeifen, Messingteller, verschiedene Dinge aus Olivenholz, Jelabas und Lederartikel zum Verkauf.
Bis die anderen, die mit uns gefahren waren, ihre Geschäfte getätigt hatten, spazierten wir alleine weiter durch die Gassen.
Dabei besuchten wir einen Weber und seinen Sohn, wie wir annehmen. Die Tür zur Webstube stand offen und wir riskierten einen Blick hinein. Wir fragten, ob wir näher treten dürfen und wurden herein gebeten. Eine kurze Weile beobachteten wir die beiden und fragten dann, warum sie weben, das wäre doch Frauenarbeit. Im Gegenteil, bekamen wir zur Antwort. Weben ist Männersache, die Frauen knüpfen. Er zeigte uns ein paar Muster, die er gerade fertiggestellt hatte. Es ist sehr eng dort drinnen, man kann sich kaum bewegen. Um die beiden nicht zu lange aufzuhalten, wünschten wir ihnen alles Gute und verabschiedeten uns.

in der Medina von Mahdia

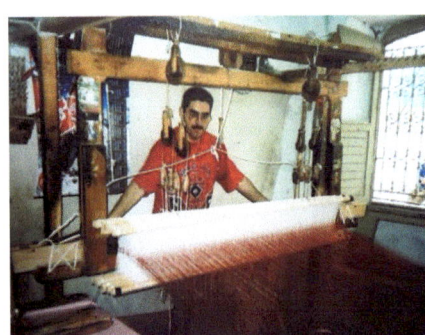

Weber   Teppichhaus

Nach etwa eineinhalb Stunden in Mahdia fuhr uns Salem wieder zum Hotel zurück. An dieser Stelle noch eine Bemerkung zu den Völkergruppen in Tunesien: neunzig Prozent der Bevölkerung sind Moslems, den Rest machen Christen, Juden und die Ureinwohner, die Berber und Beduinen aus.

Das Buffet zum Abendbrot wurde heute nach draußen auf die Terrasse verlagert. Beefsteaks, Lendenscheiben vom Schwein und Fischkoteletts, alles vom Grill, lockten die Gaumen. Salate und ein riesengroßes Blech mit einem herrlich lockeren und sehr mühevoll verzierten Kuchen rundeten das Angebot ab. Im Speiseraum stand ein weiteres Buffet mit warmem Gemüse und Teigwaren. Wir ließen es uns schmecken, bis wir fast platzten.

Speisesaal

Vorbereitung zum großen Freibuffet

Nach dem Abendbrot erkundeten wir das weitere Hotelgelände, auf dem sich außerdem eine Nachtbar, eine Snack-Bar, eine Pizzeria sowie ein maurisches Café befinden. In diesem maurischen Café werden Kaffee und Tee in verschiedenen Varianten ausgeschenkt. Man kann sich auch eine Wasserpfeife bringen lassen oder ein Schnäpschen zu sich nehmen. Ich konnte Klaus leider die ganzen vierzehn Tage hier im Hotel nicht dazu bewegen, sich eine Wasserpfeife zu bestellen, um sie zu probieren. Dafür tranken wir gerne nach dem Abendbrot einen Kaffee oder Tee.

im maurischen Café

Nach diesem Rundgang setzten wir uns wieder in die Hotelhalle und bestellten eine Flasche tunesischen Rotwein. Für unseren Geschmack war der allerdings sehr herb. Die erste Hälfte der Flasche leerten wir in Begleitung von Elektronikorgelmusik, mit der die Gäste heute Abend unterhalten wurden. Für die zweite Hälfte setzten wir uns draußen an den Swimmingpool und genossen dabei die etwas zu kühle Nacht.
Bevor wir unser Zimmer aufsuchten, zogen wir an der Rezeption Erkundigungen nach dem Fahrplan für den Zug nach Sousse ein, unserem Ziel für den nächsten Tag.
Salem wollte für den Rest des Tages nichts mehr von uns wissen, eben wegen der Teppichgeschichte, da er nichts verdient hatte. Gestern und heute bis zum Nachmittag kam er oft und unterhielt sich mit uns. Das hatte sich nun geändert. Wir waren sicher nicht die ersten und werden sicher nicht die letzten bleiben, die keinen Teppich kaufen. Unsere Reiseleiterin wies beim ersten Treffen darauf hin, dass es hier üblich ist, am Anfang der Woche 5,- Dinar für das Zimmermädchen hinzulegen. Dieses setzten wir in die Tat um und bekamen unsere Betten als Dank mit Geranienblüten geschmückt. Das Zimmer war jeden Tag tip-top sauber.

Heute frühstückten wir etwas früher, damit wir nicht so spät in Sousse ankommen. Der Bahnhof von Mahdia befindet sich etwa eine viertel Stunde zu Fuß vom Hotel entfernt. Die sechzig Kilometer lange Strecke kostete für uns beide 6,30 Euro. Um 8.52 Uhr fuhr der Zug ab, 11.15 Uhr traf er in Sousse ein. Der Bahnhof in Sousse liegt direkt am Hafen und unweit der Medina, der arabischen Altstadt.
Zuerst lenkten wir unsere Schritte über das Hafengelände, wo große und kleine Fischerboote liegen und entdeckten sogar ein uraltes, großes Segelschiff, das jedoch nicht mehr sehr gut erhalten ist. Sicher nutzen es die Leute noch für den Fischfang.

Promenade von Sousse   altes Segelschiff

Danach spazierten wir durch die Medina. Händler über Händler buhlen um die Kunden. Sie bieten Gewürze, Messing- und Lederwaren und natürlich Krims-Krams feil. Es herrscht ein reges Treiben in der Medina, die eine der schönsten in Tunesien sein soll.
Wir liefen wahllos ein paar Gassen entlang und nahmen das orientalische Flair in uns auf. Dann gelangten wir zu einer langen Treppe, die zur Burg hinaufführt. Oben

angekommen, erreichten wir ein Stadttor, durch das man die Medina verlassen kann. Wir fühlten uns in zwei Welten zugleich versetzt. Hinter uns das alte arabische Leben, vor uns die moderne Stadt.

Da wir aber nicht in die Stadt wollten, kehrten wir um und stiegen eine andere Treppe in die Medina hinunter, bis wir auf einen Juice-Laden stießen, der eine Dachterrasse besitzt.

über den Dächern von Sousse

in der Medina von Sousse

die Kasbah

Teppichknüpferin

im Souk

Jetzt plagte uns ein wenig der Durst, zudem wollte ich gerne einen Blick von oben auf Sousse werfen. Deshalb kehrten wir in den Juice-Laden ein und bestellten einen Orangensaft. Der war frisch gepresst, kühl und superdick. Der Blick von der Terrasse ist dafür weniger aufregend. Man blickt nur über die vielen, gleichaussehenden Flachdächer bis zum Meer. Die Dachterrasse ist mit flachen Holzmöbeln bestückt, auf denen buntgewebte Decken liegen. Ein großes Zelt aus dicker Schafwolle, nach Berberart, schützt vor der Sonne.

Nach der Erfrischung bummelten wir weiter durch andere Gassen, zum Teil abseits der Touristenpfade, wo die Menschen noch ungestört leben. Irgendwann erreichten wir das Tor, durch das wir die Medina betreten hatten. Dort stießen wir auf den Fischmarkt. Heringe, Makrelen, Wolfsbarsch, Katzenhaie, Schwertfisch, Garnelen und ein paar unbekannte Fische, das Angebot ist sehr reichhaltig. Unter lautem Anpreisen wird das alles verkauft.

Eigentlich wollten wir noch die Kasbah, die Festung von Sousse besichtigen. Leider kamen wir gerade über die Mittagspause und standen damit vor verschlossenem Tor.

Nach dem Spaziergang nahmen wir ein Taxi, das uns acht Kilometer weiter nach Port el Kantaoui brachte, einen als sehr schön gepriesenen Yachthafen. Tatsächlich ist hier alles vom Feinsten. Die Häuser um das Hafenbecken herum und das Hafenbecken selbst, alles ist ganz neu gebaut. Die Häuser strahlen leuchtend weiß, Fenster und Türen sind zumeist in dem landestypischen Blau angemalt. In den Erdgeschossen sind Souvenirläden, Restaurants und Cafés untergebracht. Im Hafen liegen Glasbodenboote verschiedener Art. Einige Boote haben das gleiche futuristisch anmutende Aussehen wie das Glasbodenboot, mit dem wir an der Cote d´Azur unterwegs waren. Andere Boote sind mit Fantasiefiguren geschmückt und eines ist der Nautilus in den Jules-Verne-Filmen nachempfunden.

Immer fragten uns die Anbieter, ob wir mitfahren möchten. Wir fragten unsererseits nach den Preisen und verneinten vorerst. Unsere Zeit war nicht zu reichlich bemessen und ich wollte mich erst noch genauer hier umsehen. Das höchste Angebot lag bei 20,- Dinar pro Person. Wer Interesse an einem Ausflug mit dem Katamaran hat, kann auch dieses tun.

Auf dem Weg um das Hafenbecken, das übrigens mit ganz sauberem, klarem Wasser gefüllt ist, anders als üblich in einem Hafen, hielt uns ein Junge mit einem Falken an. Er fragte, ob wir den Falken nicht einmal streicheln wollen. Ich verneinte und sagte, dass er mich mit seinem kräftigen Schnabel vielleicht hacken würde. Der Junge sagte, dass der Vogel ganz zahm ist, nahm meine Hand und setzte den Falken darauf. So ein liebes Tier, es war ganz sanft und ließ sich gerne streicheln. Das war ein schönes Erlebnis. Dann nahm der Junge den Falken wieder an sich und verlangte einen Dinar, den ich ihm natürlich gerne gab. Er verdient mit dem Vogel sein Geld.

Im Hafen liegen mehrere große Segelschiffe aus Holz, im Stil spanischer Karavellen. Mit diesen kann man zu Halbtagesausflügen hinausfahren. Draußen auf offener See werden dann die Segel gesetzt. Das muss herrlich aussehen und eine Fahrt mit einem solchen Schiff macht ganz sicher Spaß.

Nobelhafen Port el Kantaoui

futuristisches Glasbodenboot

wie in einer anderen Welt

Mole von Port el Kantaoui

Am anderen Ende des Hafens befindet sich eine kleine Werft, in der private Segel- und Motorboote überholt und repariert werden. Gerade wurde ein Segelboot aus Düsseldorf ins Wasser gelassen. Es liegen viele Boote aus Deutschland in der Werft, weil es wohl billiger ist, bis nach Tunesien zu fahren und dort die Boote reparieren zu lassen, als es zu Hause zu tun.

Neben der Werft fanden wir ein Tauchcenter. Da wir uns vorgenommen hatten, in Tabarka, im Norden des Landes, tauchen zu gehen, beließen wir es erst einmal bei einer Information.

Während wir noch im Hafen spazieren gingen, lief gerade eines der großen Segelschiffe aus. An der Hafenausfahrt kam ihm dann auch noch die „Nautilus", das erwähnte Glasbodenboot, entgegen. Es war in der Zeit unseres Aufenthaltes nach draußen zu einem Riff gefahren und kam jetzt wieder zurück.

Uns blieb immer noch etwas Zeit und so beschlossen wir daher, doch eine Runde mit einem der Glasbodenboote zu drehen. Die Preise waren inzwischen ziemlich gefallen, der eine Anbieter wollte 16,- Dinar, der andere nur noch 12,- Dinar haben. Wir konnten uns nicht so recht entscheiden. Irgendwie war es uns das immer noch zu teuer. Wir suchten uns also denjenigen aus, der sofort auslaufen würde und boten ihm 10,- Dinar. Das Geschäft lief sehr heimlich ab, da die anderen Passagiere nichts davon mitbekommen durften. Der Mann war einverstanden und wir stiegen in eines der futuristischen Boote ein. Der Innenraum ist eine Nummer kleiner als bei dem französischen Boot, dafür hat es ein Freideck, auf dem man sich aufhalten kann.

Mit lautem Motorengetöse startete das Boot und fuhr zu einem Riff unweit des Hafens, wo wir uns eine Weile aufhielten. Der Bootsführer fütterte die Fische, so dass wir sie gut beobachten konnten. Es kamen nur kleine Fische zur Fütterung. Außer ihnen und Seegras konnten wir jedoch nichts weiter entdecken. Nicht einmal Seeigel waren zu sehen.

Ich war nicht auf eine Bootsfahrt eingestellt und hatte daher nicht gegen die Seekrankheit vorbeugen können. Ich nahm zwar zum Start zwei Tabletten, aber das half auch nichts mehr. Mir wurde furchtbar schlecht und ich musste auf das Gott sei Dank vorhandene Freideck flüchten, um frische Luft zu bekommen. Dort oben verbrachte ich mit einer Leidensgenossin den Rest der Fahrt. Das war auch ganz interessant, denn wir konnten uns die tunesische Küste einmal vom Meer aus ansehen. Eine halbe Stunde später legte das Boot wieder im Hafen an.

Jetzt war es an der Zeit, mit dem Taxi zurück nach Sousse zu fahren. Dabei kamen wir durch das Hotelviertel von Sousse, in dem meine Mutter bis zu unserer Ankunft vierzehn Tage lang ihren Urlaub verbrachte. Sie war jedoch schon das dritte Mal in Tunesien. Das Hotelviertel und die Stadt von Sousse unterscheiden sich dabei wie Tag und Nacht.

Um 16.15 Uhr fuhr ein Zug nach Mahdia zurück, den wir nahmen. Eineinhalb Stunden später trafen wir in unserem Hotel ein, wo wir uns eine kleine Weile ausruhten. Wir hatten an diesem Tag viele Kilometer und Stunden zu Fuß zurückgelegt.

Um 19 Uhr begann der „Berberabend" im Hotel, an dem wir für 20,- Dinar pro Person teilnahmen. Bei landestypischen Gerichten bekamen wir einen kleinen Einblick in die Kultur Tunesiens. Als Vorspeisen wurden Oktopussalat, Thunfisch, bunter Salat, Buletten, Fleischröllchen, Minipizzen und Chutney aufgetragen. Den Hauptgang bildeten Couscous mit Gemüse, mit Kartoffelpüree gefüllte Teigtaschen und Schaschlik. Als Zugabe zum Hauptgang gab es noch ein Stück gegrilltes Schaffleisch.

Als Nachtisch reihten sich Kuchen, Plätzchen und Aprikosen auf einer langen Tafel. Das Essen war so reichhaltig, dass es unmöglich war, von allem zu probieren.
Die kulturelle Umrahmung gestaltete eine Folkloregruppe mit Musik, Bauchtanz und Jonglerie.

"Berberabend" im Hotel

landestypische Gerichte

Bauchtanz und Kamele gehören zum Berberabend

Eine Gruppe Kamele geleitete die Gruppe eingangs auf den Platz mit dem Berberzelt, in dem wir landestypisch saßen, das heißt, auf Strohhockern an flachen Tischen. Als Getränke reichte man tunesischen Rotwein und Wasser.

Zum Schluss wurden die Kamele noch einmal vorgeführt, damit wir sie fotografieren können. Es waren die ersten Kamele, mit denen wir so nah Bekanntschaft machten. Alles in allem war es ein ganz netter Abend.

Nach dem Frühstück nahmen wir den Bus, der uns zum halben Taxipreis noch einmal nach Mahdia brachte. Eigentlich wollten wir die Stadt auf eigene Faust erkunden, aber dort erwartete uns eine Überraschung. Mit ausführlicher umsehen war nichts, denn es war Markttag. Die Stände erstrecken sich dann am ganzen Hafen entlang bis in die Altstadt hinein. Die Händler versuchen Gewürze, Souvenirs, Haushaltsgegenstände bis hin zu Möbeln und Musikkassetten alles an den Mann oder die Frau zu bringen. Dieser Wochenmarkt ist der Treffpunkt für die einheimische Bevölkerung. Es wird verkauft und gekauft, was das Zeug hält. Dazu erschallt überall das unvermeidliche laute Anpreisen der Waren durch die Händler. Von jeder Ecke ertönt zudem orientalische Musik, die die Musikverkäufer erschallen lassen. Wir fühlten uns schon wieder in eine andere Welt versetzt, so exotisch ist das Geschehen.

Wochenmarkt am Fischerhafen

Fischerboote

Gemüsemarkt in Mahdia

Neben dem allgemeinen Markt befindet sich gleich der Obst- und Gemüsemarkt. Die Händler sitzen dort zwischen all ihrem Gemüse, welches sie selbst angebaut und geerntet haben, und handeln mit den Kunden um die Wette.

Eigentlich wollten wir den Busbahnhof suchen, um uns über Fahrtziele und -zeiten zu informieren, aber die Suche war bei diesem Getümmel zwecklos. Man konnte vor lauter Markt keine Stadt mehr sehen.

Dann sprach uns ein Mann an und fragte, wie es uns gehe. Bei dieser Gelegenheit fragten wir ihn gleich, wo wir den Busbahnhof finden können. Der Mann, ein Tunesier, verbrachte ein paar Jahre in Deutschland, wie viele andere Tunesier auch. Ich hatte bis dato noch nie gehört, dass wir Tunesier im Lande haben und dazu noch so viele. Die meisten von ihnen studieren in Deutschland. Jedenfalls beantwortete der Mann unsere Frage nur, indem er in die grobe Richtung zeigte. Also, viel schlauer als vorher waren wir nun auch nicht. Wir hakten zwar noch einmal nach, bekamen aber keine genauere Angabe. Stattdessen veranstaltete er mit uns einen Spaziergang durch die Stadt. Ob wir schon die Frauen-Moschee gesehen hätten? Außerdem soll gerade ein Fest in der Stadt sein, bei dem wir uns einmal umsehen sollten.

Er führte uns zuerst zur Frauen-Moschee, die sich als Große Moschee von Mahdia entpuppte, denn heute sollte der einzige Tag im Jahr sein, an dem die Öffentlichkeit freien Zugang zur Moschee hätte. Dann standen wir vor einer gewaltigen, aber doch verschlossenen Tür, von einem Fest keine Spur. Vielleicht geht das ja alles erst am Nachmittag los, vielleicht wollte er uns damit auch nur locken, mit ihm zu gehen.

Während wir so gingen und uns unterhielten, standen wir plötzlich vor einem Teppichladen. Aha, daher weht der Wind. Jeder will uns hier nur in einen Teppichladen oder in eine Lederwarenfabrik führen.

Große Moschee von Mahdia

Seidenteppiche

Der Mann stellte uns dem Händler vor, der uns eine Auswahl seiner Teppiche zeigte, selbst nachdem wir bekannt gegeben hatten, dass kein Kaufinteresse unsererseits besteht. In diesem Laden bekommt man die Teppiche noch einmal deutlich günstiger, als in dem Teppichladen, in den uns Salem geführt hatte. Dies hier ist eine staatlich unterstützte Fabrik, die dadurch einen riesigen Umsatz hat. Ganze Reisegruppen kaufen dort. Sechzig Prozent der Produktion kauft jedoch Teppich-Kibek in Deutschland ein.

Langsam fing ich an, mich zu ärgern, dass wir damals die beiden Gebetsteppiche in Istanbul gekauft hatten. Mein einziger Trost dabei ist, dass die Preise für diese Teppichgröße nicht so dramatisch unterschiedlich wie bei den großen Exemplaren sind. Trotzdem wir nichts kauften, wurden wir immer noch freundlich behandelt und mit einem schönen Gruß verabschiedet, eine große Ausnahme.

Unser kurzzeitiger Stadtführer hatte sich verabschiedet, als er uns im Teppichhaus ablieferte. So setzten wir jetzt unseren Spaziergang in aller Ruhe alleine fort. Wir liefen am alten Hafen mit dem riesigen Seemannsfriedhof entlang und besuchten die Kasbah. Für einen Dinar Eintritt pro Person bekamen wir nun die Gelegenheit, uns solch eine Burg einmal von innen anzusehen. Einige Bauleute sind gerade mit der Rekonstruktion beschäftigt.

Die Burg besitzt einen großen Innenhof, von dem eine englische Treppe nach oben führt. Ein Weg führt dort oben rund um die Burg, von dem aus die Blicke nach allen Seiten über Mahdia und das Meer schweifen können. Sicher war das früher einmal eine wehrhafte Festung für den einzigen Zugang zu Mahdia auf Cap Africa.

Küste von Mahdia

Ticket zur Kasbah

Blick über Mahdia

Eckturm der Kasbah

alter Hafen und Cap Africa

Innenhof der Kasbah

altes Hafenbecken

aus dem Fels gehauen

Cap Africa

Danach inspizierten wir den alten Hafen. Die Phönizier schlugen vor über zweitausenfünfhundert Jahren ein Hafenbecken samt Zufahrt in den schroffen Felsen der Küste. Dieses Hafenbecken wird noch heute von kleinen Fischerbooten genutzt. An der Wasserkante befinden sich zahlreiche ausgewaschene Löcher, die von Zeit zu Zeit vom Wasser überspült werden. In diesen Löchern tummeln sich Garnelen, Krabben,

Grundeln und kleine Fische. Es ist sehr aufregend, ihnen zuzusehen. Klaus entdeckte sogar kleine Einsiedlerkrebse.
Wir hielten uns eine lange Zeit hier auf, es ist einfach zu interessant. Im Meer wimmelt es nur so von Unterwasserpflanzen, so dass Klaus am liebsten gleich schnorcheln gegangen wäre. Unsere Ausrüstung lag jedoch leider im Hotel.
Irgendwann setzten wir unseren Weg um das Cap Africa fort, kamen an den Überresten eines alten Tores vorbei und spazierten auf der anderen Seite des Caps an interessanten Buchten entlang zurück nach Mahdia, von wo aus wir mit einem Taxi zum Hotel zurück fuhren. Den Rest des Tages bis zum Abendbrot verbrachten wir am Strand. Heute ist es richtig schön warm, auch der Wind hat eine angenehme Temperatur.
Ich ging das erste Mal im südlichen Mittelmeer baden. Klaus genoss dieses Vergnügen schon am ersten Tag unseres Aufenthaltes hier.
Als Abschluss des Strand- und Badeaufenthaltes an diesem Tag stieg ich noch in den Hotelpool und schwamm zwanzig Runden. Man kommt viel zu selten zum Schwimmen, dabei ist es doch so entspannend. Das Wasser im Pool hat eine echt angenehme Temperatur, so um die 25°C.
Kurz vor dem Abendbrot fand im Hotel eine kleine Cocktailparty statt. Leider lag sie zeitlich so, dass sie sich größtenteils mit der Abendessenzeit überschnitt, so dass man sich gar nicht richtig auf diese Party einlassen konnte. Wir bestellten jeder einen leckeren Cocktail und holten uns ein paar ebenso leckere Häppchen dazu, dann gingen wir bald zum Abendessen, bevor wir den Abend langsam ausklingen ließen.

Um 8 Uhr klopfte es an der Zimmertür, da lagen wir noch im Bett. Klaus öffnete und bekam vom Hotelpagen zu erfahren, dass er zur Rezeption kommen möchte. Als er wiederkam, erzählte Klaus, dass die Safaritour auf uns wartete. Sie würden auch noch eine halbe Stunde auf uns warten. Das kann doch gar nicht sein, denn wir hatten uns erst für den nächsten Dienstag angemeldet. Da wir weder aufgestanden waren, noch einen Koffer gepackt, noch gefrühstückt hatten, sagten wir, dass sie ohne uns fahren sollen.
Deshalb mussten wir nach dem Frühstück noch einmal in das andere Hotel zur Reiseleiterin, die dort jeden Vormittag eine Stunde für die Urlauber zu sprechen ist. Von Karin wollten wir dann auch gleich drei Dinge erledigt haben: zuerst wollten wir eine Rückbestätigung für unsere Safari am Dienstag, zweitens wollten wir uns für einen Tagesausflug nach Tunis und Karthogo anmelden, und wir wollten eine Möglichkeit aufgezeigt bekommen, wie wir am besten nach Sfax kommen können. Wir unternahmen schon mehrere Anläufe, sind aber noch zu keinem Ergebnis gekommen. Sfax ist die zweitgrößte Stadt Tunesiens, die eine sehr schöne Altstadt haben soll, die von den Touristen noch nicht so erobert wurde, wie die anderen Urlaubsorte. Außerdem wollten wir von dort auf die Inseln Kerkennah übersetzen. Diese Inseln werden als Geheimtipp gehandelt, zumindest laut dem Zeitungsbericht, den ich noch in meinem Sammelsurium habe. Karin erklärte uns, dass ein Sammeltaxi, ein Louage, nach Sfax fährt. Alles andere hätte wenig Sinn. Wir müssten jedoch früh in Mahdia an

der Louagestation sein, weil schon um 15 Uhr das letzte Sammeltaxi von Sfax nach Mahdia zurück fährt. Sfax liegt etwa einhundert Kilometer südlich von Mahdia, die Zeit für einen Inselbesuch wäre dabei nicht vorhanden. Kerkennah wäre ihrer Meinung nach wenig sehenswert. Es soll sich nicht lohnen, dort hinüberzufahren.

Nachdem wir das erledigt hatten, kehrten wir zum Hotel zurück, packten unsere Dinge für den Tag zusammen und liefen zum Bahnhof. Von dort wollten wir mit dem Zug zu einer Stadtbesichtigung nach Monastir fahren.

Bahnhof Mahdia

Nach einer Stunde Fahrzeit kamen wir in Monastir an und standen nun auf dem Bahnhof. Wo sollten wir anfangen? Von hier aus sind kein Meer und keine Altstadt zu sehen. Dann entdeckten wir in der Nähe eine Fliesentafel mit aufgemaltem Stadtplan. Wir merkten uns die grobe Lage der Sehenswürdigkeiten und gingen, uns leicht rechts haltend, los. Nach einigen hundert Metern kamen wir am Strand heraus. Hier ist es ja auch herrlich, so hell, freundlich und sauber. Etwas außerhalb des Zentrums zeichnen sich die Hotels ab.

Dann hielten wir uns links, immer am Strand entlang zum Hafen von Monastir, wo sich, wie in Port el Kantaoui, weiße Appartementhäuser mit dem typischen Blau an den Fenstern und Türen reihen. In den Erdgeschossen befinden sich ebenfalls Restaurants, Cafés, Boutiquen und Souvenirläden, nur dass dieser Hafen eine Nummer kleiner als Port el Kantaoui ist.

Wir spazierten immer weiter am Hafenbecken entlang und sahen dabei immer wieder den Weg zurück, den wir gekommen waren. Das Bild, das sich uns dabei bot, änderte sich alle paar Meter. Am Ende des Hafens trafen wir auf ein Tauchcenter, das allerdings gerade geschlossen war. Hier sind die Preise günstiger als in Port el Kantaoui. Das konnten wir wenigstens der Preisliste entnehmen, die an der Tür hängt. Unser Tauchziel war immer noch Tabarka, um in den Riffen zu tauchen, die dort sehr schön sein sollen.

Wir behielten den Laden im Gedächtnis und spazierten weiter durch das Hafengelände, bis auf die Spitze von Cap Monastir. Hier bieten sich wieder viele herrliche

Landschaftsbilder. Aus den schroffen Muschelkalkfelsen treten nur so die versteinerten Austern hervor. Diese Felsen wechseln mit Badebuchten, in denen das glasklare Wasser den Blick bis auf den Grund der Buchten freigibt. Ganz vorne auf der Spitze des Caps entdeckten wir eine Ausgrabungsstätte, die noch in keinem Reiseführer erwähnt ist. Dort werden gerade Reste einer alten punischen Siedlung freigelegt und die Arbeiten sind in vollem Gange.

Monastir

an der Küste von Monastir

am Cap Monastir

phönizische und römische Ruinen

Wie wir uns so vortasteten, es führt nur noch ein schmaler Pafd zwischen Ausgrabungsstätte und dem Wasser entlang, trafen wir auf zwei Jungs, die von den Felsen, etwa fünfzehn Meter hoch, in das glasklare Wasser sprangen. Wir sahen ihnen eine Weile zu und konnten uns an dem Wasser gar nicht satt sehen. Es ist ganz sicher einige Meter tief und man kann trotzdem die algenbewachsenen Felsen am Grund erkennen. Hier könnte man so schön tauchen.

Dann spazierten wir langsam wieder zurück, direkt über die Ruinenstätte. Das ist wohl nicht unbedingt erlaubt, aber wir tasteten uns vorsichtig vorwärts, ohne von den Leuten zurückgehalten zu werden.

Auf dem weiteren Weg liefen wir an einer aus dem Felsen geschliffenen Straße entlang, die zum alten Hafen führt. Dieser war ebenfalls tief in den Felsen gehauen worden. Daran schließt sich eine Festung jüngeren Datums an, eine alte römische Festung mit Slipanlage, die zum herausziehen der Schiffe aus dem Wasser diente, wie es heute noch üblich ist. Es sind Lagerräume zu erkennen, ein großer Freiplatz und eine Freitreppe nach irgendwo oben.

Dann verließen wir Cap Monastir und sahen uns den Teil des Hafens an, wo sich die Werft befindet. Von dort hat man einen schönen Blick auf die Stadtansicht mit der großen Festung, dem Ribat. Ein Ribat, wie es viele entlang der tunesischen Küste gibt, ist eine ehemalige Klosterburg. Wehrhafte christliche Mönche verteidigten in ihrem Schutz damals ihr Land gegen die moslemischen Eroberer.

im Hafen von Monastir

Auf unserem bisherigen Weg durch Monastir fiel uns eine Moschee mit goldener Kuppel auf. Die wollte ich mir jetzt aus der Nähe ansehen. Es ist ziemlich heiß heute und wir waren schon ein gutes Stück unterwegs, so dass wir nur noch langsam spazieren konnten. Dann versperrte uns auch noch eine Mauer den Weg zur Moschee, so dass wir einen weiten Bogen laufen mussten. Die ganze Anlage entpuppte sich als riesiger Friedhof und die „Moschee" als Mausoleum für den Expräsidenten Habib Bourguiba und seine Familie. Bourguiba führte Tunesien als erster Präsident in die

Unabhängigkeit und die Neuzeit und genoss großes Ansehen. Er war in Monastir zu Hause.

Friedhof von Monastir   Mausoleum der Familie Bourguiba

Entlang des Mausoleums erreichten wir über den Friedhof den Ribat. Eigentlich wollte ich auf den Turm der Festung, um mir die Stadt von oben anzusehen, doch dann hatte ich keine Lust mehr dafür. Die Füße schmerzten zu sehr, als dass ich noch unnötige Wege hätte machen wollen. Vor der Festung fanden wir in einem kleinen Bau halb unter der Erde die Touristinformation. Ich hoffte, dort einiges Prospektmaterial über Tunesien zu bekommen. Außer einer Broschüre über Monastir und einigen Prospekten über Museen war nichts im Angebot. Dort erfuhren wir auch, dass im Ribat ein Museum mit Ausgrabungsfunden untergebracht ist.

In einem Straßencafé mussten wir dann erst einmal etwas trinken und uns ausruhen. Nach der Erfrischung besuchten wir die Medina. Hier ist nur in wenigen Gassen etwas los. Solch eine rege Handelstätigkeit wie in Mahdia oder Sousse konnten wir in Monastir nicht finden.

Die Medina sollte unsere letzte Station sein. Bevor wir zum Bahnhof gingen, kauften wir noch einige Dinge im Supermarkt ein: Getränke, Joghurt, Kekse. An der Kasse fiel dann Glasbruch zu unseren Füßen. Wir suchten nach der Ursache der Scherben, konnten aber nicht gleich etwas finden. Im Regal an der Kasse stand nichts Gläsernes und in unserem Korb befand sich auch nichts, was hätte kaputt gehen können. Dann machte uns die Verkäuferin auf Klaus´ Sonnenbrille aufmerksam, die er am Gürtel hängen hatte. Ihr fehlte ein Glas. Was sollten wir jetzt machen? Es ist unmöglich, ohne Sonnenbrille draußen herumzulaufen. Klaus erinnerte sich, in der Medina einen Brillenladen gesehen zu haben. Mit den schmerzenden Füßen und den eingekauften Sachen gingen wir zurück zur Medina. Wir liefen den Weg zurück, den wir gekommen waren und trafen drei Straßen weiter glücklicherweise auf diesen Brillenladen. Klaus hätte sich gleich ein neues Glas machen lassen können, hatte aber seine Werte nicht dabei. So musste er sich eine Sonnenbrille zum Aufstecken auf die normale Brille kaufen. Diese lässt sich entsprechend des Bedarfs hoch- oder herunterklappen. 16,- Euro kostete der Spaß. Sieht ja toll aus, dieses Ding.

16.52 Uhr fuhren wir mit dem Zug nach Mahdia zurück, direkt bis zur Endstation in der Stadt. Ich wollte unbedingt den Busbahnhof und die Louagestation finden, um herauszubekommen, wie wir am besten nach Sfax kommen. Wir verließen das Bahnhofsgebäude und sahen uns um. Da kam ein Taxifahrer auf uns zu und fragte, ob wir mitfahren wollen. Wir beantworteten zwar die Frage mit Ja, aber wir wollten vorher wissen, wo die Louagestation ist. Der Taxifahrer zeigte uns die Richtung. Nicht weit entfernt stehen viele Kombi-Autos mit dicken bunten Streifen an den Seiten, das müssen sie sein. Dort gingen wir hin und fragten, wann einer von ihnen nach Sfax fährt. Man sagte uns, dass wir einfach nur zu kommen und nach einem Taxi nach Sfax zu fragen brauchen, dann ginge es los. Eine Louagefahrt nach Sfax sollte 5,- Dinar pro Person kosten.

Der Taxifahrer war uns inzwischen nachgefahren und erzählte, dass auch ein Bus dorthin fährt. Die Busstation ist gleich nebenan. Jetzt wussten wir wenigstens genug, um diese Fahrt in Angriff nehmen zu können, wenn es die Zeit erlaubt. Dann ließen wir uns ins Hotel fahren.

Für den Abend hatten wir ein Mietauto bestellt. Wir wollten in der Nacht nach Tabarka starten, um am Morgen dort zu sein. Dann würden wir genug Zeit zum Tauchen haben und uns gut in der Gegend umsehen können. Um 20 Uhr sollte das Auto vor dem Hotel sein. Wir warteten bis 21 Uhr an der Rezeption. Die tunesische Pünktlichkeit hatten wir inzwischen kennengelernt, es kam kein Auto. Wir sagten an der Rezeption Bescheid, dass wir im maurischen Café weiter warten. Dort tranken wir einen türkischen Kaffee und anschließend noch einen Pfefferminztee. Das maurische Café besitzt ein richtig gemütliches Ambiente. Die Wände sind rundum mit orientalischen Mustern gefliest, ebenso die massiv gemauerten Bänke, auf denen sich Auflagen befinden, damit es sich nicht so hart sitzt. Daneben stehen flache runde Tische mit Messingplatten.

Wir beobachteten das Treiben des türkisch gekleideten Mannes hinter dem Thresen. Ab und zu bereitete er eine Wasserpfeife für den Gebrauch vor. Er füllte den Behälter, der oben auf den Glaskörper gesteckt wird, mit Tabak. Darauf legte er einige Holzkohlenstückchen zum Anzünden des Tabaks und zog an der Pfeife, bis das Wasser im Glasbehälter blubberte. So bringt man eine Wasserpfeife in Gang, bevor sie die Kunden bekommen. Etwa eine halbe Stunde raucht man an solch einer Wasserpfeife. Die Holzkohlenstückchen holte der Mann aus einen kleinen Tontopf, der gleichzeitig als Heizung und Teekocher dient. Dieser Tontopf steht auf einem kleinen Holzgestell, auf dem ebenfalls eine Messingplatte liegt.

An diesem Abend entschlossen wir uns, solch eine Wasserpfeife für zu Hause zu kaufen, richtig zum Benutzen, kein Souvenir.

Um 22 Uhr war unser Mietauto immer noch nicht da. Jetzt brauchten wir auch keines mehr. Missgestimmt gingen wir zur Rezeption. Was soll nun werden? Unsere Fahrt nach Tabarka fällt so aus, denn die Zeit reicht nun nicht mehr für diese Tour. Man versprach uns für den nächsten Morgen um 8 Uhr ein anderes Mietauto. Dann gingen wir zu Bett.

Ein netter Herr an der Rezeption hatte uns gestern abend für heute morgen 8 Uhr ein Mietauto zugesagt. Wenn er kommt, bringt er eines mit, waren seine Worte. Wir warteten. Der Herr von der Rezeption war zwar um 8 Uhr da, aber ein Mietauto, Fehlanzeige. Wir fragten, was los sei. Ja, es müsste jeden Augenblick kommen. Klaus wollte die ganze Aktion schon wieder abblasen, doch dann wären wir vermutlich nie in den Norden des Landes gekommen. Wir mussten schon einmal umdisponieren, langsam gehen die Tage zur Neige, die uns zur Verfügung stehen. In Anbetracht der Lage suchten wir uns ein neues Ziel aus, die Halbinsel Cap Bon im Nordosten von Tunesien sollte es sein. Für Tabarka reichte die Zeit wieder nicht mehr.
Um 8.45 Uhr kam dann endlich das Auto. Nun, dachten wir, könnte es sofort losgehen. Ja, denkste. Die Dame, die das Auto brachte, nahm uns erst mit nach Mahdia in ihr Büro, um die Formalitäten zu erledigen. Es war auch kein Tropfen Sprit mehr im Tank, so wie es bei uns üblich wäre, so dass wir auch noch tanken fahren mussten. Die Zeit rinn davon. Um 9.30 Uhr kamen wir endlich los, eigentlich schon wieder viel zu spät. Jetzt mussten wir das Beste daraus machen. Das Mietauto war ein Peugeot 106, von dem wir auf der Fahrt recht angenehm überrascht waren. Er lief wie Hanne und man sitzt gut darin. Wir hatten beide noch keinen Peugeot gefahren.
Also starteten wir zur Halbinsel Cap Bon, auf der es einiges zu sehen geben soll. Da wartete das nächste Hindernis auf uns. Wir suchten die Straße nach Mahdia, die zur Fernverkehrsstraße führt, auf der wir zur Autobahn kommen wollten. Nachdem wir dreimal durch Mahdia gefahren waren, fragte Klaus jemanden nach dem Weg. Dann bot sich jemand an, der uns führen wollte, wir sollten nur hinter ihm herfahren. Dabei kamen wir zwar aus Mahdia heraus und fuhren in Richtung Sousse, doch es war die falsche Straße. So mussten wir über die Dörfer fahren, was uns wieder Zeit kostete. Das hatte aber auch den Vorteil, dass wir etwas mehr vom Land und seinen Leuten zu sehen bekamen.
Lange Zeit wussten wir nicht einmal, auf welcher Straße wir unterwegs sind, denn die vielen kleinen Dörfer waren auf unserer Karte nicht verzeichnet. Endlich stießen wir auf eine Stadt, die wir auf der Karte fanden. So fanden wir dann endlich den Weg zur Fernverkehrsstraße Richtung Msaken, wo die Autobahn beginnt, die einzige Tunesiens. Dort wird sogar Maut verlangt. Für die Strecke von etwa einhundert Kilometer, bis kurz vor Tunis, bezahlten wir zirka 1,45 Euro.
In Grombalia fuhren wir von der Autobahn herunter, weiter an der Westküste von Cap Bon entlang nach Korbous. Dorthin machten wir einen Abstecher, der sich lohnte. Die Thermalstation besichtigten wir nicht, weil wir nicht bis in den Ort hinunterfuhren. Wir rasteten auf der Höhenstraße über Korbous und hatten einen fantastischen Blick in eine kleine Bucht und über das strahlend blaue Meer hinüber nach Tunis und Karthago. Um jedoch Einzelheiten zu erkennen, waren wir etwas zu weit entfernt.

auf Tunesiens einziger Autobahn

Halbinsel Cap Bon

Straße nach Korbous   Tunis und Karthago in der Ferne

Als wir aus dem Auto stiegen, wurden wir gleich von Stechfliegen überfallen, die aus dem nahegelegenen Wald kamen. Sie trübten unsere Freude an der Landschaft etwas, so dass wir uns nicht länger dort aufhielten.
Wir fuhren auf die westliche Hauptstraße der Halbinsel zurück und setzten unseren Weg nach El Haouaria fort, den am nördlichsten gelegenen Ort auf Cap Bon. Es ist eine

schöne Route durch kleine, gemütliche Dörfer, viel Grün und fast immer ausgetrockneten Flussbetten. In einiger Entfernung leuchtet das tiefblaue Meer, das als Kontrast zu dem Grün und Rot der Landschaft hervorragend wirkt.

In El Haouaria erwartete uns wieder eine herrliche Landschaft, von dunkelblauem Wasser umrahmt. In etwa zwanzig Kilometer Entfernung von der Küste liegen zwei Inseln. Sie schienen im Moment jedoch so nah, dass man meinen konnte, ohne weiteres hinüber schwimmen zu können.

Für unsere Tagesfahrt hatten wir eine Flasche Wasser mitgenommen. Das Wasser hatte nun aber Außentemperatur angenommen und war somit keine Erfrischung mehr. Wir hatten Durst und direkt an der Küste steht ein Restaurant mit Terrasse, in dem wir eine Kleinigkeit trinken wollten. Ein Mann lud uns ein, näher zu kommen und uns die Terrasse anzusehen. Es ist traumhaft und wir suchten ein schattiges, gemütliches Plätzchen mit Blick auf das strahlende Meer hinüber zu den Inseln. Von der Terrasse führt ein Weg hinunter zur Küste, die fast einhundert Meter tiefer liegt.

Restaurant in El Haouaria

einmalig schöner Ort

gutes Mittagessen

Wir bestellten etwas zu trinken. Während wir auf die Getränke warteten, präsentierte die Dame des Hauses anderen Gästen ein Tablett mit verschiedenen frischen Fischen und einem Bärenkrebs. Klaus bekam Appetit. Schon kam der Kellner zu uns und fragte, ob wir etwas zu essen wünschen. Wir ließen uns das Tablett zeigen und bestellten einen

Bärenkrebs für zwei, dazu Pommes frites und Salat. Als Vorspeise standen Chillipaste mit schwarzen Oliven, Olivenöl und ein paar Scheiben Baguette auf dem Tisch.
Der Bärenkrebs schmeckte ganz frisch und war super toll gemacht. Warum muss nur immer so wenig Essbares übrig bleiben, wenn man die Schalen entfernt hat. Für das ganze Menü bezahlten wir fast 30,- Euro. Der Bärenkrebs alleine kostete schon 25,- Euro, obwohl wir uns daran hungrig aßen. Wie gesagt, geschmeckt hat es hervorragend, aber das Preis-Leistungs-Verhältnis lässt doch sehr zu wünschen übrig. Uns war es nicht einmal vergönnt, das Essen so richtig zu genießen. Die Stechfliegen wurden immer dreister und fraßen uns fast auf. Als es uns zu bunt wurde, bezahlten wir überstürzt und verließen die Terrasse, um hinunter zum Wasser zu gehen. Auf dem Weg dorthin befindet sich eine in den Felsen gehauene Hütte mit einem türkischen Café davor und einer gemütlichen Freiterrasse. Die Küste selbst ist unwirtlich und schroff. Messerscharfe Felsen erschweren das Gehen entlang der Küste erheblich, nur ein kleiner Abschnitt dient als Strand für die Einheimischen. An einer anderen Stelle stieg gerade eine Gruppe Taucher aus dem Wasser.

Cap Bon

Wir kehrten um und besichtigten als nächstes die Felsengrotten in der Nähe. An dem Kartenhäuschen bekamen wir dann auch endlich eine vernünftige Straßenkarte von Tunesien.

Die Grotten besuchten wir mit einem Führer. Wie wir feststellen sollten, nicht umsonst. Er erzählte uns, dass hier vor tausendfünfhundert Jahren römische Sklaven Steine für das Kolosseum in El Jem und für die Städte Karthago und Utica abbauten. Übrig blieben riesige Sandsteingrotten, die bis zu zwanzig Meter hoch sind. Über neunzig dieser Grotten soll es gegeben haben. Ein Teil von ihnen ist heute entweder verschüttet oder eingestürzt.

Am Eingang der ersten Grotte steht ein Stein, der wie ein liegendes Kamel aussieht. Entweder ist der Stein so belassen worden, was ich eher unwahrscheinlich finde, oder er wurde nachträglich von einem Spaßvogel so gestaltet.

Dann gingen wir weiter. Über jeder großen Grotte wurde ein Schacht in die Decke gehauen, besser gesagt, war es anders herum. Zuerst kamen die Schächte, durch die später die Menschen und das Material nach unten gelassen wurden, um die Grotten zu schaffen. Zugleich dienten sie wieder als Ausgang. Man kann noch heute die in den Stein gehauenen Stufen erkennen. Heute betritt man die Höhlen durch die Seiten, in denen durch Erdrutsche oder Grotteneinstürze Zugänge entstanden sind.

alte Steinbrüche

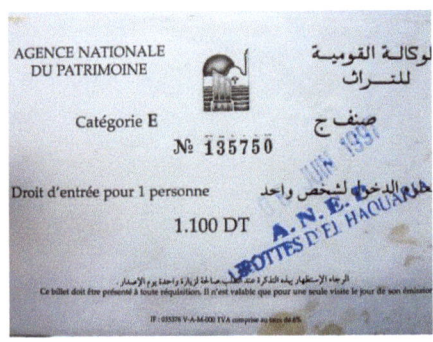
Ticket in die Grotten von Cap Bon

Grotteneingang

Grottendecke

Je weiter wir uns voran tasteten, umso dunkler wurde es, bis wir im totalen Dunkel standen. Warum unser Grottenführer keine Taschenlampe dabei hatte, konnten wir immer weniger verstehen. Er nahm uns beide an die Hand und führte uns. Wir tasteten uns durch niedrigste Gänge und stolperten von einer Grotte in die nächste. Nur ganz kleine Lichtscheine lassen schemenhafte Konturen erkennen. Überall liegt Schutt und irgendwann erwartete ich sogar, auf ein paar Skelette zu treffen, die aus der damaligen Zeit vielleicht noch übrig sind. Es ist gruselig. Einen Vorteil haben diese Grotten trotzdem: es ist schön kühl dort drinnen.

An einem anderen Ende sahen wir endlich wieder Licht, den Ausgang. Draußen erreichten wir über ein Steinfeld, das einmal eine Grottendecke war, den zweiten Teil der Grotten.

Zum Abschluss der Privatführung, wir waren derzeit die einzigen Gäste, machte uns der Grottenführer mit Kapernsträuchern bekannt. Wir hatten zwar überall zwischen den Felsen die schön blühenden Sträucher bemerkt, aber dass es Kapern sein könnten, auf diesen Gedanken wären wir nie gekommen. Wir bekamen erklärt, dass nur die drei jüngsten Knospen als Kapern verwendet werden. Man muss sie dazu in jedem Fall einlegen, sonst kann man sie wohl nicht essen.

Dann zupfte er noch hier und da an flachen Sträuchern und kam mit Thymian und Rosmarin wieder, die hier als niedrige Steingartenvariante wachsen. Außerdem stehen überall wilde Feigensträucher, deren Früchte jedoch nur Zierde sind. Wären wir allein unterwegs gewesen, wären wir überall vorbeigelaufen. Die Wüstenpflanzen sehen für uns alle nach nichts aus.

Damit hatten wir Cap Bon kennengelernt. Bei guten Sichtverhältnissen soll man sogar Sizilien von den Spitze Cap Bons aus sehen können. Sicher ist das nur eine Ausnahme, uns war es jedenfalls nicht vergönnt.

Jetzt traten wir die Rückfahrt an. Auf der Ostseite der Halbinsel fuhren wir in Richtung Hammamet. In Kerkouane hielten wir noch einmal an. Dort ist eine ziemlich umfangreich ausgegrabene, alte punische Siedlung zu bestaunen, die direkt am Meer liegt. Sie ist Mitte des 2. Jahrhunderts v.Chr. verlassen und nie überbaut worden, wodurch man sich eine sehr gute Vorstellung verschaffen kann, wie diese Anlage einmal ausgesehen haben muss.

alte punische Siedlung bei Kerkouane

Grundmauern von Wohnhäusern

Fußbodenmosaik

Reste eines Tempels

Abflussrinne

Vom Eingang bis zum Ausgrabungsfeld spazierten wir durch eine Art Botanischen Garten mit Blumen und Yucca-Palmen. Durch die alte Siedlung führen zwei etwa parallel laufende Straßen, die deutlich zu erkennen sind. Dazwischen standen Wohnhäuser, alle mit fast gleichem Grundriss. Überall sieht man Sitzbadewannen, Abflussrinnen und Fußbodenmosaike. Am dem Meer zugewandten Stadtrand stand einmal ein Tempel. Dieser Ausflug war ebenfalls lohnenswert.

Nach dieser Besichtigung fuhren wir weiter über Kebilia, Korba, Nabeul nach Hammamet. Nabeul und Hammamet sind zwei große Urlaubsorte, aber uns blieb keine Zeit mehr für einen Abstecher dorthin. Die Uhr zeigte schon 18 Uhr und ich wollte unbedingt noch nach Zaghouan. Dort soll es einen Wassertempel und viele Quellen, die einer steilen Felswand entspringen, geben. Nachdem nun Klaus schon fast den ganzen Tag am Lenkrad gesessen hatte, konnte ich ihn doch noch zu diesem Ausflug überreden. Wir würden hier sicher nicht noch einmal herkommen, dazu fuhren wir mit der Sonne um die Wette. Wenn es dunkel sein wird und das geschieht hier sehr früh, werden wir sicher nicht mehr viel sehen. Von Hammamet bis Zaghouan sind fünfunddreißig Kilometer zu fahren und es blieben höchstens zwei Stunden Zeit. Ein großes Felsmassiv, in dem ich laut Karte Zaghouan vermutete, wies uns, außer den wenigen Wegweisern, die Richtung. Irgendwo dort, in der Nähe eines tausenddreihundert Meter hohen Berges, liegt unser Ziel.

In Zaghouan angekommen, fragten wir Einheimische nach dem Weg, aber es verstand uns niemand. Mit Händen und Füßen versuchte Klaus den Leuten zu erklären, wo wir hin wollen. Man wies uns in eine kleine Straße, die hoch in den Berg führt. Bald hatten wir den Eindruck, dass diese Straße aufhört, aber irgendwie führt sie, zwar immer schmaler werdend, immer weiter. Ein Schild kündigt ein Hotel „Les Nymphes" an. Ich sagte, da seien wir richtig, das klingt nach Wasser. Von Quellen ist immer noch nichts zu sehen. In dem Hotel fragte ich wieder nach dem Weg. Man holte erst einen deutschsprechenden Mann heraus, dem ich meine Frage noch einmal stellte. Er erklärte uns mit sehr knappen Worten den Weg. Mehr suchend als wissend fuhren wir weiter, bis wir an einem Erfrischungskiosk landeten. Hier, gleich daneben, fanden wir den Wassertempel, eigentlich eine halbwegs erhaltene und zum Teil rekonstruierte Ruine.

Diesen Tempel bauten die Römer, direkt vor eine steile Felswand. Nun suchten wir immer noch die Quellen. Irgendwo hier müssen sie doch sein!? Hinter dem Tempel führen Trampelpfade nach oben auf den Berg. Wir folgten ihnen ein Stück und stellten fest, dass diese Trampelpfade eigentlich Wasserläufe sind, wenn denn einmal Wasser aus dem Berg kommt. So sehr wir auch suchten, wir fanden keinen Tropfen Wasser. Der Größe des Wassertempels nach ist anzunehmen, dass es vor tausendfünfhundert Jahren noch sehr viel Wasser in diesem Land gegeben haben muss, so wie die Sahara noch nicht so lange solch eine riesige Sandwüste ist.

Von Zaghouan aus hatten die Römer ein Aquädukt nach Karthago gebaut, um die Stadt mit Wasser zu versorgen. Teile des Aquädukts sind noch heute erhalten und ein weiterer Beweis für den damaligen Wasserreichtum. Überhaupt stellten wir fest, dass wenigstens 95 Prozent aller Flüsse, Bäche und Seen des Landes ausgetrocknet sind.

In diesem Wassertempel veranstalteten die Römer sicher ganz tolle Wasserspiele. Heute wird das Wasser, so es denn da ist, um den Tempel herum geleitet. Es würde dem Bauwerk nur schaden. Es muss früher wirklich eine sehenswerte Anlage gewesen sein, interessant ist sie immer noch. Wie wir erfuhren, wird der Tempel heute jedes Jahr einmal für ein Festival genutzt.

Felsmassiv in der Dämmerung

römischer Wassertempel von Zaghouan

eine schöne Anlage

Sonnenuntergang in Tunesien

Der Sonnenuntergang, den wir dann erleben durften, war wirklich herrlich. In diesem Land wird es schneller dunkel als bei uns. Wir hatten einen weiten Blick über das Landesinnere, dessen Konturen immer schemenhafter wurden.
An diesem Tag hatten wir viel gesehen. Wir fuhren so viel Sehenswertes an, wie wir in den Stunden, die uns zur Verfügung standen, bewältigen konnten. Leider haben wir

nicht alles geschafft. Jetzt haben wir aber einen Eindruck der Schönheit von Tunesiens Norden.

Auf dem Rückweg nach Mahdia trafen wir in der Dunkelheit noch viele Leute, die ihre Schaf- und Ziegenherden nach Hause trieben.

Gegen 22 Uhr kamen wir im Hotel an. Die anschließende Dusche war eine echte Wohltat, nach dem vielen Salz und Staub des Tages. Es war ein schöner, warmer, interessanter und anstrengender Tag und wir hatten uns die Nachtruhe redlich verdient.

Klaus nutzte die Gelegenheit, da er das Mietauto noch vor dem Hotel stehen hatte, für einen frühen Ausflug nach Mahdia. Er wollte unbedingt einmal dabei sein, wenn die Fischer von ihrem nächtlichen Fang in den Hafen zurückkehren. Er war jedoch reichlich spät dran, kam erst gegen 7 Uhr im Fischereihafen an. Zum Beobachten der Fischerboote war es schon zu spät, aber die Fänge konnte er sich noch ansehen: allerlei Fischarten, Krabben, Tintenfische, Muränen, Rochen und vieles mehr. Klaus befand sich inmitten des Getümmels der Marktschreier, wo es so richtig um die Wurst, ich meine um den Fisch geht, während ich noch im Bett lag.

Für diesen Tag hatten wir einen Ruhetag eingeplant, bevor am nächsten Morgen die Wüstensafari beginnt.

Nach dem Frühstück bügelte ich die inzwischen angefallene, gewaschene Wäsche. Solch einen Wäscheverbrauch, wie in diesem Land und dem Hotel, hatten wir noch nie. Danach legten wir uns bis zum Mittag an den Strand. Es ist noch wärmer als am Vortag, so dass das Baden richtig Spaß machte.

Den Nachmittag verbrachten wir am Pool, beim Bogenschießen, sahen uns den Minigolfplatz an, beobachteten ein Boccia-Spiel, tranken einen türkischen Kaffee im maurischen Café, aßen ein Eis auf der Terrasse und gingen anschließend bis zum Abendessen auf unser Zimmer. Dort packten wir die Sachen, die wir auf die Safari mitnehmen wollten. Dann hatte ich noch Zeit, die Erlebnisse der letzten drei Tage in meinem Tagebuch niederzuschreiben.

Abends fand am Strand eine Sangria-Party statt. In Anbetracht dessen, dass wir am nächsten Tag früh aufstehen müssen und eine Sangria-Party nicht unbedingt etwas tunesisches ist, blieben wir der Veranstaltung fern.

Lieber machten wir noch einen kleinen Strandspaziergang im Dunkeln und beobachteten die Lichter draußen auf dem Wasser, die von den Fischerbooten stammen. Nachts werden vor allem Tintenfische gefangen.

Der Tag begann schon um 5.30 Uhr. Wir bereiteten uns auf die Safari vor, gingen frühstücken und warteten auf den Jeep, der uns um 7 Uhr abholen sollte. Wie nicht anders zu erwarten, kam der Jeep nicht pünktlich. Ganze eineinhalb Stunden hatte er Verspätung. Wir glaubten schon, dass mit der Buchung doch etwas schiefgelaufen war und wir diese Fahrt nicht machen würden. Es hätte noch eine letzte Möglichkeit am nächsten Samstag gegeben, aber da würden wir gerade am letzten Abend vor unserer Abreise zurückkommen.

Als wir an der Rezeption um Nachfrage bitten wollten, kam ein Mann zum Hotel herein und fragte nach den Safaritouristen, nach uns. Mir fiel ein Stein vom Herzen, klappte es doch noch. Neun Leute teilen sich nun den Safari-Jeep: ein Schweizer Pärchen, drei Franzosen, wir beide, der Reiseleiter und der Fahrer.

Die erste Station war die Stadt El Jem, bis wohin wir etwas über eine Stunde unterwegs waren. Als wir aus dem Jeep stiegen, schlug uns eine Hitze entgegen, die wir am Strand nicht kennen gelernt hatten. In El Jem zeigte das Thermometer 37°C an.

El Jem ist berühmt für sein Kolosseum, welches das größte in ganz Nordafrika ist. Es wurde genau nach dem Vorbild des Kolosseums in Rom gebaut und fasste mindestens fünfunddreißigtausend Zuschauer. Fünfhundert Gladiatoren sollen dort gleichzeitig gegeneinander oder gegen wilde Tiere gekämpft haben. Der Bau ist noch sehr gut erhalten und wirkt zwischen all den kleinen Häusern in der Stadtmitte gewaltig. Es standen nur zwanzig Minuten Zeit zur Verfügung, uns umzusehen. Gerne hätte ich mir das Kolosseum von innen angesehen, aber den vollen Eintrittspreis zahlen und nur einen kleinen Teil dieses gewaltigen Bauwerkes sehen, das war mir der Spaß nicht wert. Wir hätten für die Besichtigung weit mehr als zwanzig Minuten Zeit gebraucht.

Neben dem Kolosseum hat El Jem auch ein Amphitheater für zehntausend Zuschauer zu bieten und ein Museum mit den Ausgrabungsfunden der antiken Stadt Thysdrus, auf der El Jem heute steht.

Überall wird man von Souvenirhändlern angehalten, etwas zu kaufen. Ich brauchte unbedingt einen Sonnenhut für die Wüste. Klaus hatte sich schon in Mahdia einen Lederhut als Kopfbedeckung gekauft. Die Sonnenhüte hier waren alle nicht sehr nach meinem Geschmack, doch ich suchte mir notgedrungen einen aus, mit der freundlichen, aber steten Hilfe des Händlers. 10,- Dinar wollte er von mir haben, bis auf 6,- Dinar handelte ich ihn herunter. Außerdem kauften wir gleich eine Flasche Wasser. Wasser wurde für uns in den nächsten drei Tagen zum wichtigsten Utensil.

Kolosseum von El Jem

Von El Jem aus setzten wir die Fahrt auf der Fernverkehrsstraße nach Sfax fort. Sfax ist die zweitgrößte Stadt Tunesiens. Das ist eine ganz schön weite Tour bis dorthin, hätte ich gar nicht gedacht. Bei den Entfernungen hier kann man sich schnell verschätzen. In Sfax selbst hielten wir nicht, erst kurz hinter der Stadt legten wir eine Pause in einem Bistro ein, um uns zu erfrischen und eventuell etwas zu essen.

Nach etwa einer halben Stunde ging die Fahrt nach Gabes, einer Meeresoase, weiter. Ich dachte eigentlich, dass wir uns dort etwas umsehen würden, wurde aber enttäuscht. Wir hielten nur kurz an einem Korb- und Tonwarenladen für eine Raucherpause. Klaus und ich sahen uns derweil im Laden um. Dabei fanden wir solch kleine Töpfe aus Ton, in denen der Mann im maurischen Café unseres Hotels Holzkohle durchglühen lässt. Wenn die Kohle heiß ist, kann ein Topf daraufgestellt werden, um zum Beispiel Wasser zu erhitzen, oder man verwendet den Tontopf einfach als kleine Heizung. Solch ein Teil erstanden wir in diesem Laden am Straßenrand, für gerade einen Dinar.

Auf der Fahrt nach Gabes erzählte unser Reiseleiter für die Safari, er hieß Aref, dass die Menschen in Tunesien ihre Religion frei wählen können. Das Land zählt acht Millionen Einwohner, ist siebenhundert Kilometer lang und vierhundert Kilometer breit. Der Exportartikel Tunesiens ist hauptsächlich Olivenöl. Es soll das beste Olivenöl sein, das man bekommen kann. Entlang der Sahelzone Tunesiens, von Hammamet bis Sfax, gibt es sehr viele Olivenbaumplantagen. Ein Olivenbaum wird bis zu fünfhundert Jahre alt, trägt bis zu zweihundertfünfzig Kilogramm Früchte im Jahr, lebt ohne Wasser, dafür mit sehr viel Sauerstoff und der Feuchtigkeit in der Luft.

Weitere Exportartikel sind Erdöl und Phosphate. Eine dieser Phosphatfabriken steht in Gabes und ist verantwortlich dafür, dass die Dattelpalmen in der Oase immer weiter sterben. Diese Fabriken sind wahre Dreckschleudern.

Olivenbaumplantage   Halbwüste

Jetzt steuern wir unser richtiges Ziel an. Die weitere Fahrt führt nun durch eine Halbwüste nach Matmata, wo die Besichtigung der berühmten Höhlenwohnungen und das Leben der Berber auf dem Programm stehen. Diese Gegend ist noch keine richtige Wüste, eher der Übergang von Steppe zu Wüste. Es wachsen außer Palmen keine Bäume mehr und es gibt nur noch hartes, stachliges Gestrüpp, echte Steppengewächse.

Nachdem wir die neue Stadt Matmata durchfahren hatten, die wie jede andere tunesische Stadt auch aussieht, erreichten wir das alte Matmata. Dort stiegen wir zum Mittagessen aus. Die Hitze ist riesig, 44°C im Schatten. Das Atmen fällt am Anfang ziemlich schwer, wie in einer Sauna. Man muss sich erst an die Temperaturen gewöhnen.

Aref zeigte uns den Weg zum Restaurant, das wir auf schnellstem Wege aufsuchten. Das Restaurant ist im Stil einer Höhlenwohnung gebaut, nur oberirdisch. Es ist rund und gemütlich, mit Nischen in den Wänden, die durch ornamentierte Trennwände vom großen Raum abgeteilt sind. Es ist schön kühl dort drinnen und wir wurden landestypisch bewirtet. Zu aller erst mussten wir etwas trinken, wofür wir eine große Flasche Wasser bestellten. Als Vorspeise gab es mit Ei und Kräutern gefüllte Teigtaschen auf Salat. Das Hauptgericht bildete Couscous. Das ist gedämpfter Hartweizengries oder Hirse, mit gedünstetem Gemüse und Fleisch. Das alles schmeckt sehr gut. Wassermelone schloss das Mahl ab.

Danach ging ich nach draußen und wagte mich dabei etwas weiter in den Glutofen, um ein Bild von der Landschaft zu machen. Die anderen hatten sich noch nicht am Auto eingefunden, so dass ich noch einen Moment Zeit hatte. Übrigens wurde hier, in diesen Bergen, der Film „Krieg der Sterne" gedreht, erzählte Aref.

das alte Matmata

Restaurant

Landschaft um Matmata

Nach dem Mittagessen fuhren wir ein Stück die Straße zurück, die wir gekommen waren, um dann auf einen unbefestigten Weg abzubiegen. Dieser Weg führt direkt zu einer der Höhlenwohnungen, in denen die Berber leben. Berber ist der allgemeine Begriff für die Ureinwohner, der damals von den Einwanderern geprägt wurde und „Barbaren" heißt.

Wir stiegen aus dem Jeep und Aref erzählte uns viele interessante Dinge zu solch einer Höhlenwohnung. Um die siebenhundert solcher Wohnungen soll es in Matmata geben, zusammen mit unterirdischen Ölmühlen und Webkammern. Die Regierung von Tunesien startete im Laufe der Zeit mehrere Versuche, die Berber aus ihren Höhlenwohnungen zu holen und sie in richtigen Häusern anzusiedeln, doch das war vergebens. Die Ureinwohner leben noch immer so, wie schon tausende von Jahren, haben keine Ausweise und die wenigsten von ihnen sind behördlich registriert. Es gibt keine Adresse und kein Telefon. Elektrisches Licht hat ihnen nach einer gescheiterten Umsiedlungsaktion der erste Präsident Bourguiba geschenkt.

Vor dem Eingang der Höhlenwohnung steht eine kleine Zisterne. Vom Hügel herunter, in dem sich die Wohnung befindet, wurde eine Regenrinne betoniert, die das Regenwasser auffängt und in eine Grube leitet. Dort bleibt es eine Weile, während sich Sand und sonstiger Unrat am Boden der Grube absetzen. Über einen Überlauf gelangt das saubere Wasser dann in die Zisterne. Die Menschen müssen in der Wüste mit sehr wenig Wasser auskommen. Meistens gibt es für jeden nur eine Tasse Wasser am Tag. Im Winter fällt die Ration vielleicht etwas größer aus.

Ebenfalls vor dem Haus befindet sich der Backofen, besser gesagt, eine Backgrube. Diese Backgrube wird mit Heizmaterial gefüllt und dasselbe angezündet. Wenn der Ofen heiß genug ist, wird das Heizmaterial wieder entfernt, das Fladenbrot an die Seitenwände der Grube geklebt und das Ganze mit einem Deckel verschlossen. Dort gart es durch die Hitze, die die Wand abgibt. Diese Prozedur wird jeden Tag durchgeführt. Es gibt jeden Tag frisches Brot.

Innenhof der Höhlenwohnung

Eingang und Zisterne

Nach dieser Einleitung wurden wir von einem Teil der Familie herzlich willkommen geheißen und gebeten, näher zu treten. Wir durften uns ganz ungezwungen die Wohnung von innen ansehen, in der eine Oma mit zwei ihrer Töchter lebt.

Wohn- und Schlafzimmer

Gänge zu den Räumen

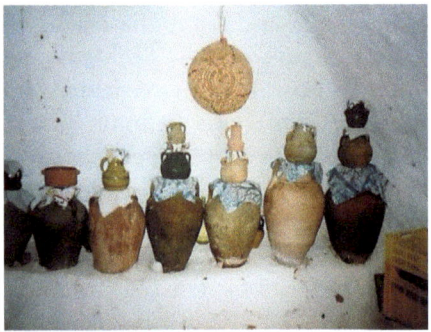

Küche   Vorratshaltung

Die Wohnung besitzt fünf Räume, für jede Person einen, dazu die Küche. Die Räume zweigen alle von einem Innenhof nach den Seiten ab. Am Eingang der Wohnung befindet sich noch ein Abstell- bzw. Gemeinschaftsraum. Die ganze Wohnung wird mit einer Tür aus Palmenholz nach außen abgeschlossen. Aref erzählte uns weiter, dass an solch einer Wohnung acht bis zwölf Monate gegraben wird. Kommt Nachwuchs ins Haus, wird halt noch ein Raum dazu gegraben. Die Hügel bestehen aus Sand- und Kalkstein, also ist die Arbeit nicht allzu schwer.
Diese Höhlenwohnungen unter der Erde haben einen Riesenvorteil: sie sind schön kühl im Sommer und leicht beheizbar im Winter. Die Menschen leben hier nur von und mit der Natur.
Zuerst besichtigten wir das Wohn- und Schlafzimmer der Oma. In einer Ecke stehen Krüge, um verschiedene Dinge darin aufzubewahren. In der Raummitte befindet sich

das Bett, aus reinen Naturmaterialien gefertigt. Das Gestell besteht aus Holz, das mit Lehm verschmiert und gekalkt ist. Dazwischen sind Gurte gespannt, auf denen die Matratze liegt. Diese Matratze ist ein Stoffbezug, der mit Gestrüpp aus der Umgebung gefüllt ist. Aus Leinen und Wolltüchern besteht das Bettzeug. Neben dem Bett steht eine kleine Frisiertoilette. In einer anderen Ecke, neben dem Eingang, hängt das Hochzeitskleid der Frau mitsamt dem Schmuck, nur durch ein Tuch abgedeckt. Das ist schon die ganze Herrlichkeit in dem Raum.

Danach sahen wir uns in der Küche um. Eine der Töchter hatte gerade Tee für uns gekocht. Auf dem Tisch stehen Couscous-Töpfe verschiedener Art. Einmal sind da die neuen Töpfe aus Aluminium, zum anderen die originalen Berbertöpfe aus Steingut, die mit traditionellen Mustern auf gelb-grünem Untergrund bemalt sind.

Zum Tee reichte uns die Tochter selbstgebackenes Brot. In Tunesien isst man nur verschiedene Weißbrote, kein Schwarzbrot. Das ist immer eine Sache, die uns im Urlaub in den meisten Ländern fehlt.

Zum Abschluss zeigte uns die Oma, in traditioneller Kleidung in einer Nische sitzend, wie Couscous hergestellt wird. Auf uralte Art und Weise mahlt sie das Korn mit einer Steinmühle. Sie verdient sich mit dieser Vorführung bei den Touristen ihr Geld, denn für ein Foto bezahlten wir einen Dinar.

Als wir gerade weiterfahren wollten, um unser letztes Ziel für den Tag, El Faouar, zu erreichen, kam der Schwiegersohn von Arbeit nach Hause.

El Faouar ist eines der Tore zur Sandwüste Sahara. Auf dem Weg dorthin verließen wir die feste Straße für eine Weile und holperten über eine steinige Piste durch die langsam immer sandiger werdende Landschaft. Mit einem Affenzahn chauffierte uns der Fahrer durch die Gegend, während wir immer wieder auf andere Jeep-Gruppen trafen.

Bevor der Fahrer die Wüstenpiste befuhr, forderte er uns auf, die Sicherheitsgurte anzulegen, was sich bald als sehr erforderlich erwies. Wir wurden jedenfalls ganz schön durchgeschüttelt. Es sollte sicher so etwas wie eine Erlebnisfahrt werden, um den Eindruck einer echten Safari zu gewinnen. Fast eineinhalb Stunden ging das so. Ein Wunder, dass in meinem Körperinneren nicht alles durcheinander geraten ist. So kurz nach dem Mittagessen war das auch nicht die beste Idee. Während der ganzen Fahrt mussten wir die Fenster dicht geschlossen halten, sonst wären wir dazu noch in den

Safari-Jeep

der Sand nimmt zu

umfassenden Staubwolken, die wir und die anderen Jeeps aufwirbelten, erstickt. Ein Auto mit Klimaanlage ist dabei selbstverständlich.

Kurz vor El Faouar fuhren wir durch Douz, einer großen Oase mit dreihunderttausend Dattelpalmen. Die meisten Safarigruppen landen hier. Am Ortsausgang von Douz warten viele Kamelgruppen auf die Touristen. In einiger Entfernung zeichnet sich schon der leuchtend gelbe Sand der Sahara ab. Wir waren froh, dass unser Kamelritt erst am Abend stattfinden sollte. Bei der Hitze des Nachmittags ist das wohl eine Zumutung.

Skorpion

Etwa um 18 Uhr kamen wir im Hotel in El Faouar an. Es ist ein kleines Hotel und liegt direkt am Rand der Sandwüste. Es sind nur ein paar Schritte bis dahin. Wir quartierten uns ein und erfrischten uns. An diesem Tag legten wir über fünfhundert Kilometer mit dem Jeep zurück, teilweise recht unbequem, denn die hintere Sitzreihe besteht aus Notsitzen. Man sitzt da mit ziemlich hochstehenden Beinen und kann sich zudem nicht nach links oder rechts drehen, weil dort schon die anderen beiden Mitfahrer sitzen. Wir tauschten jedoch ab und zu die Sitzplätze, so dass jeder einmal etwas bequemer oder unbequemer saß. Das ging ganz gut.

Um 19 Uhr sollte der Start für den Kamelritt in den Sonnenuntergang sein, hinein in die Wüste. Es blieb also noch eine Stunde bis zu diesem Termin. Einige Zeit verbachten wir im Swimmingpool des Hotels. Das Bad darin ist zwar keine wahre Erfrischung, aber immerhin. Das Wasser hat bestimmt so an die 30°C. Während bei uns zu Hause die Freibäder und Swimmingpools beheizt werden müssen, werden sie in Tunesien gekühlt. Bei 44°C im Schatten kann man sich denken, wie ein Sprung in den Pool wirken würde.

Danach ruhten wir uns im klimatisierten Zimmer noch etwas aus. Das Hotel ist so gebaut, dass sich verschiedene Trakte, von A bis J benannt, mit je zwei Zimmerreihen, locker auf der Grundfläche des Hotels verteilen. Zwischen allen diesen Trakten, die man über Hauptwege erreicht, sind Blumenbeete angelegt.

Wunderschöne, hoch gewachsene Stockrosen weckten unser besonderes Interesse. Zum ersten Mal bewunderten wir diese Blumen in Dänemark. Später wurden sie auch in Deutschland aktuell, aber dass wir sie hier in dieser Hitze, und dann noch weltrekordmäßig hoch und schön finden, hatten wir nicht erwartet.

Auf der Wand im Eingangsbereich des Hotels ist auf der einen Seite schemenhaft das südliche Tunesien dargestellt. Anhand dieser Karte konnten wir unsere bisherige Route, und die der kommenden zwei Tage, nachvollziehen. In der anderen Ecke des Eingangsbereiches saß ein Prachtexemplar von Spinne, handtellergroß, natürlich die Beine eingeschlossen. Das gab mir schon wieder Kraft. Hoffentlich gehen nicht in den Zimmern auch solche Exemplare spazieren.

Hotel El Faouar

Eingangsbereich

Riesenspinne

Hotelzimmer

Um 19 Uhr trafen wir uns alle wieder und gingen gemeinsam zu den Kamelen, die schon auf uns warteten. Ich war echt gespannt. Wer wollte, bekam für den Kamelritt einheimische Kleidung, ein leichtes, kaftanähnliches Kleidungsstück und ein Tuch um den Kopf, zum Turban gebunden. Dann wies man uns, jedem einzelnen, ein Kamel zu. Ich stieg auf den sehr breiten Kamelrücken, dann hieß es gut festhalten. Die meisten Kamelführer sind Jungs, etwa zehn Jahre alt. Mein Kamelführer gab nun seinem und meinem Kamel den Befehl aufzustehen. Oh je, dabei fiel ich fast vorne über. Aus Filmen hatte ich schon gelernt, dass es solch eine große Bewegung gibt, rechnete aber nicht mit dem wirklichen Ausmaß. Danach gab es noch einmal eine große Bewegung nach hinten und das Kamel stand auf seinen Füßen. Ist das eine Höhe da oben. Wir saßen hinter dem Höcker der Dromedare, auf groben Matratzen und Decken, die so gebunden und gelegt sind, das es sich gut darauf sitzen lässt. Es ist natürlich nicht mit einem Sattel zu vergleichen.
In aller Ruhe trotteten nun die Kamele ihren Weg hinein in die endlose Sandwüste. Wie gesagt, goldgelb leuchtet der Sand, der noch dazu so fein wie Mehl ist. Der kleinste Lufthauch treibt einem den Sand in die Augen. Den Rest des Kopfes kann man mit dem Tuch schützen, aber die Augen bleiben gefährdet.
Nach einer halben Stunde stiegen wir für eine Rast ab. Wir dachten, dass sich hier in dem Sand niemand mehr aufhalten würde, aber auch hier warten Einheimische auf die

Touristen. Sie verkaufen Getränke und Sandrosen. Sandrosen sind einzigartig geformte Steine, die irgendwie durch Feuchtigkeit und Druck entstehen und in zirka zehn Zentimeter Tiefe im Sand „wachsen". Ein Junge verkaufte bunte Bänder, Berberschmuck, ein anderer hatte einen Fennek, einen Wüstenfuchs, dabei. Bis zu diesem Tag hatte ich noch nie einen echten Fennek gesehen. Gegen den Obolus von einem Dinar streichelte ich das niedliche und zarte Tier mit den riesigen Ohren.

abendlicher Kamelritt in die Sahara

unendliche Sandwüste

Schattenspiel

Sonnenuntergang in der Wüste

Dann kaufte ich eine Sandrose, wie ich es mir vorgenommen hatte. Ich hätte schon lange, auch in Deutschland, eine Sandrose kaufen können, aber meine sollte direkt aus der Sahara kommen, ohne Umwege. Für eine solche Sandrose bezahlte ich nach dem obligatorischen Handeln noch 2,- Dinar.

Während wir uns dort aufhielten, ging die Sonne unter. Eben schien sie noch gnadenlos auf uns herunter, jetzt war sie verschwunden, innerhalb einer halben Stunde. Um 20 Uhr, als wir wieder am Hotel waren, war es schon fast dunkel.

Auf dem Rückweg zum Hotel kam uns im Dunkeln immer noch eine Gruppe mit Kamelen entgegen, was ich persönlich nicht so gut fand. Der ganze Reiz der Wüste, die Vorstellung, welche Schönheit die Wüste bietet und welches Verderben sie bringen kann, das alles geht in der Dunkelheit verloren.

Wir kratzten mit dem Kamelausflug die Sahara zwar nur an, aber man kann sich lebhaft vorstellen, was es heißt, in der Wüste ausgesetzt zu werden. Später sollten wir selbst das Gefühl von echtem Durst kennen lernen, unfreiwillig. Ich glaube, das Überleben in der Hitze des Tages in dieser Wüste ist nur eine Frage von Stunden. Es war jedenfalls ein unvergessliches Erlebnis. Übrigens sorgen die geborgten Kleidungsstücke der Berber für eine gewisse Klimatisierung, auch wenn sie über der normalen Kleidung getragen wird.

Danach stillten wir unseren mäßigen Hunger am warmen und kalten Buffet im Speisesaal des Hotels. Nach dem Abendbrot wollten wir die viel gerühmten Sterne des Wüstenhimmels bewundern. Leider verhüllte ein Wolkenschleier den Himmel, so dass die Sterne nur dürftig hervorlugten.

Um 7 Uhr standen wir auf, gingen frühstücken und um 8 Uhr setzten wir die Jeep-Safari fort. Zuerst mussten wir jedoch zurück nach Douz. Das war zwar nicht vorgesehen, aber dadurch hatten wir die Möglichkeit, uns diese Oase etwas genauer anzusehen. Der Grund für den Umweg ist ein gestern Vormittag völlig kaputtgefahrener Reifen, der erst ersetzt werden muss. Bei dem Fahrstil, den unser Fahrer an den Tag legte, war dieses Missgeschick unausweichlich. Mich wunderte es, dass nicht alle vier Reifen so aussehen. Wenn alle Touren so gefahren werden, brauchen die Leute spätestens alle zwei Jahre einen neuen Jeep.

der Ort Douz

Der Fahrer setzte uns mitten in der Stadt ab. Douz ist durch einen breiten Palmengürtel vor der Wüste geschützt. Es ist ein gemütliches Städtchen, in dem die Zeit stillzustehen scheint. Bauern und Halbnomaden leben hier in Lehmhäusern und es finden regelmäßig Markttage statt.

Oase Douz

so schön kann die Wüste sein

Dattelpalmen

Ruinenstadt der Berber

Wir spazierten über den Marktplatz und durch ein paar kleine Gassen. Dabei begegnete uns ein großes Wohnmobil aus Deutschland. Wir grüßen uns.

Nach Beendigung der Reparatur wurden wir vom Fahrer wieder aufgesammelt und er steuerte nun den größten Salzsee Nordafrikas, das Chott el Jerid, an. Der See ist mehr als dreihundertfünfzig Kilometer breit. Dabei fuhren wir durch Kebili und kurz dahinter, auf einer Landzunge, hielten wir an. Dort, an der einzigen Straße über den „See", stehen Souvenirhütten, in denen Sandrosen, Salzkristalle, Amethyste mit Phosphatüberzug und andere Mineralien und Steine verkauft werden. Dazu bieten die Händler das übliche: landestypische, leichte Kleidung, geschnitztes aus Olivenholz sowie Messing- und Tonwaren. Gleichzeitig dient eine der Hütten als Imbissstand, an dem Tee, Kaffee und Kleinigkeiten zum Essen angeboten werden.

Wir sahen uns in und vor den Hütten um, tranken einen Tee und nahmen anschließend den Eindruck dieses gewaltigen Salzsees in uns auf. Eigentlich hatten wir uns solch einen Salzsee immer weiß schimmernd vorgestellt, aber das Chott el Jerid sieht wie die ganz normale Wüste aus, ohne jedes Leben. Aref erzählte, dass der See im Winter etwa zehn Zentimeter mit Wasser gefüllt ist. Wenn dieses dann verdunstet, bleibt eine dünne Salzschicht übrig, die dem Salzsee den weißen Schimmer verleiht. Die Herrlichkeit ist jedoch nicht von langer Dauer, denn der Wüstensand bedeckt immer wieder die Seeoberfläche und lässt das Salz darunter verschwinden.

Salzabbau im Chott el Jerid

einzige Straße durch den Salzsee   Fata Morgana

Am Straßenrand sind einige Löcher im See zu sehen, die durch den Salzabbau entstanden sind. Unter der dünnen Sanddecke breitet sich eine dreißig bis fünfzig Zentimeter dicke Salzschicht aus, unter dieser liegt der Wasserspiegel. Wenn die Salzschicht abgetragen wird, füllen sich die Löcher mit Wasser. Je salzhaltiger das Wasser mit der Zeit wird, umso mehr ändert sich seine Farbe ins Rötliche. Dafür sind bestimmte Algen verantwortlich, die prächtig in dem hoch konzentrierten Salzwasser gedeihen.

Am anderen Ende des Sees, wo die Straße wieder auf festes Land trifft, steht eine Salzfabrik, die das Salz weiter verarbeitet.

Ein Betreten des Salzsees außerhalb der Pisten ist nicht zu empfehlen, denn die Salzschicht ist stellenweise nicht tragfähig. Die Oberfläche ähnelt eher einem Sumpf.

Bevor wir wieder in den Jeep stiegen, kauften wir eine weitere Sandrose für Klaus´ Schwester und Schwager als Dank dafür, dass sie uns nach dem Urlaub vom Flughafen nach Hause bringen. Mir hatte es ein Amethyst mit Phosphatüberzug angetan. Während wir das Geschäft tätigten, wollte einer der Händler seinen Turban mit Klaus´ Kamellederhut tauschen. Klaus lehnte den Tausch jedoch ab, denn mit dem Turban kann man zu Hause nicht wirklich etwas anfangen.

Übrigens begleitet uns schon eine ganze Weile lang das Atlasgebirge auf dem Weg. Wir fuhren immer in Sichtweite daran entlang, einmal mehr, einmal weniger dicht. Je weiter wir jetzt aber nach Norden fahren, umso näher rücken die Berge.

Auf dem Weg über das Chott el Jerid hatten wir sogar das Glück, zwei Fata Morganen zu sehen. Ich fotografierte eine davon, in der Hoffnung, dass man sie auf dem Foto erkennen kann. Solch eine Fata Morgana spiegelt etwas Reelles, an anderer Stelle befindliches, an irgendeiner Stelle in der Landschaft wider, etwa einen See, Palmen oder eine ganze Oase. Verantwortlich dafür sind verschieden temperierte Luftschichten.

Als wir das Chott el Jerid verlassen hatten, bogen wir nach links ab und fuhren nun nach Tozeur. Das ist eine weitere große Oase mit zweihundert Quellen, die sogar einen Flughafen besitzt. Tozeur ist die Hauptstadt des Gebietes „Bled el Jerid", das „Land der Datteln" und war zu Römerzeiten die Grenze der „Provincia Africa". Die Römer hatten hier eine Karawanenstation und ein Kastell errichtet.

In Tozeur besuchten wir den Wüstenzoo, der ebenfalls auf meinem Vorhabenplan vorgesehen war. Er liegt irgendwo am Stadtrand von Tozeur, wo sich auch kleine Hotels befinden.

Wir stiegen aus dem Jeep und betraten den Zoo. Da drinnen kommt man sich wie in einem Urwald vor. Zahlreiche Bäume und Palmen sorgen für reichlich Schatten. Wir bekamen einen Führer an unsere Seite, der uns die Tiere vorstellte. Zuerst führte er uns die kleinen Tiere vor, die in Terrarien gehalten werden. Er fragte jeden von uns, ob er eine Zigarette rauchen wolle. Da wir alle verneinen, angelte er selbst eine Zigarettenschachtel aus einem Palmenstamm heraus. Er öffnete die Schachtel und ein Skorpion kam zum Vorschein, den er in den Sand vor unseren Füßen fallen ließ. Er spielte mit ihm und wir erlebten das Tier ganz nah. Dann hob er ihn auf und setzte ihn Klaus auf den Arm. Er sei nicht gefährlich. Der Skorpion wurde dabei vom Vorführer am Schwanz festgehalten. Der Stich eines Skorpions ist normalerweise nicht tödlich, nur bei Kindern oder herzkranken Menschen seien schon Todesfälle vorgekommen. Dann setzte er den Skorpion wieder in die Zigarettenschachtel, die er als Garage bezeichnete. Auf diese Weise führte er Salamander, Echsen und Schlangen vor. Es ist hochinteressant, was die Natur so alles in der Wüste leben lässt.

Ticket für den Wüstenzoo

schattenspendendes Grün   Halskette aus Schlangen

Waran, der Vipern frisst   Hornviper

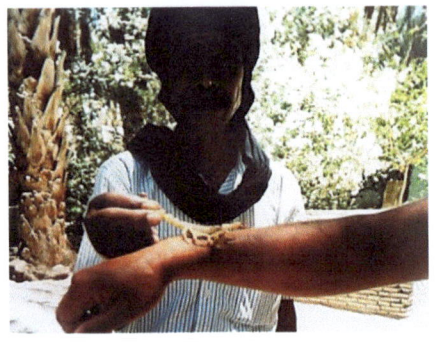
Skorpion

zwei sich umarmende Eidechsen

Nach diesen Vorführungen besuchten wir die anderen, etwas größeren Tiere, wie Paviane, Hängebauchschweine, Stachelschweine, Gazellen, Geier, Falken und einen Löwen.
Der Zoobesuch dauerte vielleicht eine Stunde und wir brauchten schon wieder eine Flasche Wasser. Soviel Wasser kann man gar nicht mitnehmen, wie man hier in der Wüste verbraucht.

Hängebauchschwein

Geier

Stachelschwein

Dorkasgazellen

Nach diesem schönen und etwas anderen Zoobesuch fuhren wir bis zum zweiten Übernachtungsort der Safari-Tour durch. Nefta ist eine Oase mit mehr als einhundertfünfzig Quellen. Dort zogen wir gegen 15 Uhr in das Hotel „Neptus" ein, ein großes Hotel, eines von dreien in Nefta. Die Hitze ist Wahnsinn.

Als erstes, nachdem wir unsere Zimmer bezogen hatten, sprangen wir in den Pool. Der ist schön groß und das Wasser hat an die 27°C Wassertemperatur.

Da der nächste Termin der Reise erst auf 18.30 Uhr festgesetzt war, blieb noch einige Zeit. Die wir nicht faul am Pool verbringen wollten, wie es die anderen alle taten. Ein kleiner Spaziergang durch die Stadt und die angrenzende Dattelpalmplantage sollte uns die Oase etwas näher bringen. Wir waren noch gar nicht weit gegangen, hatten noch nicht die ersten Häuser erreicht, da sprach uns ein Tunesier an. Er wollte wissen, woher wir kommen und wie es uns geht, na ja, das übliche. Wir beantworteten seine Fragen und erfuhren von ihm, dass er einige Jahre in Deutschland lebte und dass sein Bekannter in Bayern wohnt. Um das zu belegen, zeigte er uns die Visitenkarte seines Freundes. Der Mann bot sich als Begleitung an und wir unterhielten uns über dieses und jenes. Dabei fotografierte ich eines für diese Gegend typischen Häuser, die mit einem Relief aus Ziegelsteinen verziert sind. Das sieht ganz toll aus, besonders wenn in der Stadt mehrere solcherart verzierte Häuser nebeneinander stehen.

typische Bauweise in Nefta

Bei diesem Spaziergang stellte ich fest, dass im Norden des Landes der maurische Stil vorherrscht, während es im Süden mehr orientalisch wird.

Aref hatte uns auf dem Weg nach Nefta erzählt, dass man in Tunesien für eintausend Quadratmeter Land nur 150,- Euro bezahlen müsse, direkt in den Städten wäre es etwas teurer. Da lohnt es sich schon zu überlegen, ob man sich an einem schönen Ort in Tunesien ein Häuschen baut. Das Baumaterial, die Steine, holen sich die Leute aus der Wüste. Mancherorts gibt es Steinbrüche für Kalk- oder Sandstein. Man braucht also nur noch Mörtel, um die Steine zu verfugen.

Nach einem kurzen Weg am Stadtrand, durch eine Straße und am Theater vorbei, war es genug der Hitze, so dass wir den Weg zur Dattelpalmplantage einschlugen. Dort bietet der reichliche Schatten etwas Schutz vor der Sonne. Bloß gut, dass wir unsere

Hüte haben, sonst hätte uns die Sonne, wie es in einem Film einmal so schön hieß, unsere Gehirne ausgedörrt.

Diese Dattelpalmplantage umfasst rund um Nefta vierhunderttausend Palmen, die allesamt in privater Hand sind und ihren Besitzer reich machen. Zwischen den Palmen werden Gemüse und Obst angebaut. In der ersten Etage, also am Boden, gedeihen Weißkohl, Tomaten, Paprika und Tabak. Die zweite Etage füllen Apfel-, Granatapfel- und Olivenbäume. Die dritte Etage bilden eben die Palmen, die das ganze Jahr hindurch beobachtet, gehegt und gepflegt werden. Die Dattelähren müssen immer schön licht auseinander hängen, damit die Früchte gut reifen können. Wenn diese Ähren einmal durch Wind oder ähnliches durcheinander geraten sind, muss jedes Mal jemand da hochsteigen und die Ähren wieder richten.

Das erwähnte Gemüse wird zwei Jahre an einer Stelle angebaut, dann ruht diese Stelle zwei Jahre, anschließend wächst darauf Kamelgras und anderes Tierfutter. Auf diese Weise laugen die Böden weniger aus.

Während wir so in der Plantage unterwegs waren, die Licht- und Schattenspiele von allen Seiten faszinieren, wollte uns unser Begleiter zu einem Glas Palmensaft einladen. Wir lehnten mit der Begründung ab, dass wir am Abend mit der Gruppe eine Kutschfahrt in die Plantage machen werden, bei der dann auch Palmensaft ausgeschenkt wird. Außerdem wollte er uns immer nach einem „La Corbeille" mitnehmen, wo sehr schöne Quellen zu finden seien. Dieses lehnten wir ebenfalls ab, da wir annahmen, dass dieser Ausflug auch in der Kutschfahrt enthalten ist. Das war leider ein Irrtum, den wir später bereuten.

Inzwischen waren wir schon einige Zeit unterwegs und der Durst plagte uns. Wir gaben zu verstehen, dass wir langsam zurück zum Hotel müssten, weil der Termin für die Kutschfahrt näher rückt. Wir wussten auch gar nicht mehr, wo wir waren, so kreuz und quer hatte uns der Mann geführt. Dann trafen wir endlich wieder auf die Straße, von der aus wir die Plantage betreten hatten.

Jetzt kamen wir an einer kleinen Moschee vorbei, in der oft Hochzeiten und große Feste gefeiert werden. Ein paar Schritte weiter steht ein Marabout, welches wie eine ganz kleine Moschee aussieht. Marabouts sind Mausoleen für hochgestellte Personen nach ihrem Tod und für alle, die sich solch ein Marabout leisten können und wollen.

Auf dem Rückweg fragten wir unseren Begleiter nach verschiedenen arabischen Vokabeln. Vor allem das Salam Aleikum hatte es uns angetan. Er erklärte, dass es nicht in jedem Fall Salam Aleikum heißt, sondern dass es von den angesprochenen Personen abhängt. Wenn man einen Mann begrüßt, heißt es Salam Aleik, begrüßt man eine Frau, heißt es Salam Aleiki. Begrüßt man dagegen mehrere Personen zugleich, sagt man Salam Aleikum. Inzwischen weiß ich, dass es sich nicht nur bei diesem Wort so verhält, sondern dass man bei allen auf Personen bezogenen Wörtern auf die Endungen achten muss. Die Araber kennen sogar viermal das Wort „Bitte", je nach Situation.

Bewässerungsanlage

Dattelpalmplantage

Moschee von Nefta

Hotelpool in Nefta

Hotelzimmer

Deckenornament in der Lobby

Nach eineinhalb Stunden waren wir am Hotel zurück. 3,- Dinar beanspruchte der Begleiter für seinen Dienst.
Die letzten Schritte zum Hotel wurden zur Qual. Es war unmöglich geworden, die Schritte etwas schneller zum Hotel zu lenken, um Wasser zu bekommen. Wir waren

inzwischen so ausgetrocknet, dass die Zunge am Gaumen hängen blieb. Solch einen Durst kannten wir bis dahin nicht. Jetzt weiß ich selbst, wie es ist, ohne Wasser in der Hitze unterwegs zu sein. Das hält man nicht viele Stunden aus.

Mit letzter Kraft erreichten wir die Hotelbar, wo wir gerade noch herausbekamen, dass der Kellner eine große Flasche Wasser bringen möchte. So schnell, wie diese Flasche Wasser leer war, hatten wir noch nie eine Flasche Wasser geleert.

Überhaupt tranken wir jeder so zwei bis drei Liter Wasser am Tag, mussten aber nie auf Toilette. Das verlässt alles durch die Haut den Körper. Normalerweise hätte man noch viel mehr trinken müssen, damit auch die Nieren zu ihrer Arbeit kommen.

Um 18.30 Uhr warteten die Kaleschen, wie die Kutschen hier heißen, auf uns. Für 5,- Dinar pro Person fuhren wir in die Dattelpalmplantage, in der wir am Nachmittag schon auf eigene Faust waren. Viel Informatives hatten wir bereits von unserem Begleiter erfahren, von Aref bekamen wir nun weitere Informationen. Zum Beispiel zeigte uns ein Angestellter der Plantage, wie man barfüßig auf eine Palme klettert. Klaus wollte es natürlich auch gleich probieren, nur dass er die falsche Palme erwischte. In der ausgesuchten Palme hatten sich Ameisen ein Nest eingerichtet. Außerdem bedarf das Barfußklettern auf den Stümpfen der abgeschnittenen Palmwedel einer dicken Hornhaut auf den Fußsohlen.

An einer anderen Stelle durften wir Datteln, frisch von der Palme geerntet, probieren. Hm, ist das ein Genuss, so gut schmeckten mir Datteln noch nie.

Überall in der Plantage verteilen sich Wasserleitungen aus Holz oder einfach nur flache Gräben, die von den zahlreichen Quellen in der Oase nach einem uralten ausgeklügelten System gespeist werden.

Dann spazierten wir zu einer kleinen Hütte, in der man uns Palmensaft anbot. Jede Palme gibt nur einmal, am Ende ihres etwa fünfundzwanzigjährigen Lebens, Palmensaft. Das Alter einer Palme lässt sich mit Hilfe der Anzahl der Wedelstumpfspiralen auszählen. Jede Windung um den Stamm herum bedeutet ein Jahr. Wenn dann die Krone abgeschlagen und das Herz der Palme herausgenommen wird, stirbt sie.

Aus den Herzen gewinnt man den Palmensaft. Der schmeckt zwar gut, aber nicht aufregend gut. Als Steigerung bekamen wir alle noch ein Tässchen Palmwein. Um den zu gewinnen, stellt man einfach den Palmensaft vier bis fünf Stunden in die Sonne, wo er dann zu gären beginnt. Nachdem ich den Palmwein probiert hatte, musste ich feststellen, dass der Geschmack nicht unbedingt auf meiner Wellenlänge liegt. Mit Wein hat das wenig zu tun, der Essiggeschmack überdeckt alles. Vielleicht bedarf dieses Getränk einer gewissen Gewöhnungszeit. Dass es viele Prozente hat, glaube ich allerdings aufs Wort.

Eine andere Sache fand ebenfalls ungeteiltes Interesse. Wer wollte, konnte ein Minipfeifchen mit frischem Plantagentabak rauchen. Die Pfeife besteht aus einem Stück Bambusrohr mit einem wirklich winzigen, tönernen Pfeifenköpfchen darauf. Das erste Mal in meinem Leben habe ich einen Zug versucht. Wie erwartet, konnte ich mich gar nicht dafür begeistern, im Gegensatz zu den Rauchern. Die waren wohl recht angetan davon. Ein solches Pfeifchen, einschließlich einem Päckchen Tabak, sind für 3,- Dinar als Souvenir zu erwerben.

Kaleschenfahrt

Dattelernte

zur Palmenweinprobe

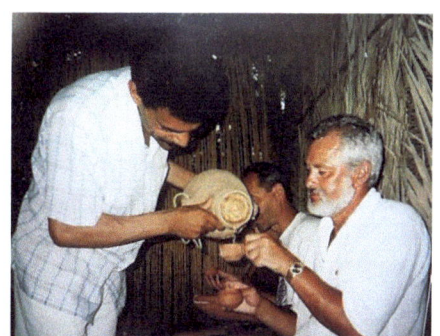

Nach diesem Erlebnis brachte uns, wieder ein bisschen schlauer, die Kalesche zurück zum Hotel. „La Corbeille", die wohl schönste Ecke der Oase, das Paradies, hatten wir nicht gesehen.

Nach dem Abendbrot wartete ein weiterer Termin, das Museum „1001 Nacht" in Tozeur. Um 21 Uhr fuhren wir mit dem Jeep los. Hätte ich gewusst, was uns dort erwartet, wäre ich nicht ohne Fotoapparat losgefahren. Klaus meinte, dass wir ihn dort nicht brauchen würden. Das war schon der zweite Irrtum an diesem Tag.

Das Museum befindet sich mitten im Hotelviertel von Tozeur, eine Fahrstunde von Nefta entfernt. Schon der Eingang zum Museum ist sehenswert, an dem kleine Elefanten aus Stahl die Besucher begrüßen. Am zweiten Tor, wo die Kasse steht, hält ein Riese Wache. Er ist weit über zwei Meter groß, hält eine große Hellebarde in der Hand und besitzt auch noch Ähnlichkeit mit „Steinbeißer" aus den Terence Hill-Filmen.

Die Wände entlang des Weges sind mit wunderschönen orientalischen Fliesen geschmückt, ein Traum.

Nun betraten wir das Museumsgelände und konnten dabei einen Großteil der Anlage überblicken. Dort blieben wir einen Moment stehen, denn über Lautsprecher und in verschiedenen Sprachen folgte die Begrüßung der Gäste. Danach war die Geschichte von 1001 Nacht zu vernehmen, und wie sich Scheherezade vor der Boshaftigkeit des Königs schützte.

Eintrittskarte ins Museum

Um endgültig das Museum betreten zu können, muss man durch einen Gang, der mit einer bunten Decke verhüllt ist. Aref sagte, dass hier die Frauen zuerst hineingehen müssten. Dabei hatte ich mich schon hinter Klaus versteckt, weil ich Schlimmes ahnte. Aref ließ aber nicht locker und ich musste zuerst diesen Gang betreten, der sich als Geisterbahn entpuppte. Ich hielt Klaus´ Hand so fest, dass er sich nicht von mir lösen konnte, obwohl er es die ganze Zeit versuchte. Ich hasse Geisterbahnen. In jeder Ecke hängen irgendwelche Geisterpuppen und jedes Mal erwartete ich, dass sie mich anspringen. Ziemlich am Ende des Tunnels stand ein echter Mann in einer Ecke. Klaus warnte mich und ich huschte ihm gegenüber schnell an der Wand entlang. Klaus ließ es sich nicht nehmen, ihn in den Bauch zu stupsen, wobei der Mann seinerseits erschrak. Als ich dachte, ich hätte es endlich geschafft, brach ein Lichtgewitter mit fürchterlichen elektrischen Entladungen über mich herein. Die anderen kamen alle ein Stück hinter mir und waren nun gewarnt. An mir blieb alles wieder hängen. Ich schrie auf, ging zurück und wusste nicht, was ich machen sollte. Ich hielt Klaus immer noch fest. Wahrscheinlich habe ich ihm seine Hand fast zerquetscht. Dann nahm ich all meinen Mut zusammen und stürzte die letzten Meter nach draußen, nachdem ich mich vergewissert hatte, dass mir jetzt nichts mehr passieren kann. Von der Gruppe, die uns nach einer Weile folgte, hörten wir ebensolche Schreie, wie ich sie ausgestoßen habe.

Froh und glücklich, endlich diesem Horror entronnen zu sein, erwarteten wir in einem Hof das Kommende. Auf der gegenüberliegenden Seite des Hofes liegt der Eingang zur Höhle des Ali Baba. Mit dem lautstarken Ruf unsererseits „Sesam öffne dich" schiebt sich eine Felswand zur Seite und wir konnten in die Schatzhöhle eintreten. Prächtige Schätze, Gold, Silber, Edelsteine, tolle Stoffe sind überall gehortet. Die Geräuschkulisse in der Höhle lässt Knistern und das Rasseln von Geldstücken erkennen.

Als wir die Höhle wieder verließen, trafen wir auf einen kleinen Flusslauf, auf dem sich zwei Fabelwesen und echte Enten tummeln. Hinter einem Wasserfall entlang erreicht man nun den Sultanspalast. In prächtig eingerichteten Räumen begeistern überall diese orientalischen Fliesen und filigranen Steinmetzarbeiten, dazu stellen Puppen Szenen aus dem damaligen Palastleben nach. Selbst die Gewänder sind farbenprächtig und prunkvoll. Dabei kann man auch den König mit seinen Haremsdamen bewundern, eine Bauchtänzerin sorgt für Kurzweil. Jede der Figuren geht einer anderen Beschäftigung nach.

Einen Raum weiter steht der Sultan leicht verhüllt und bereit, von Haremsdamen umringt, ins Bad zu steigen. Es ist alles fantastisch und so realistisch dargestellt, dass man meint, Teil des Palastlebens zu sein.

Im Palasthof befindet sich das Schlaraffenland, in dem überdimensionales Obst an den Bäumen hängt. Aref erzählte uns zu den Palastfenstern, die mit ornamentierten Läden mit vielen Löchern versehen sind, dass es den Damen nicht erlaubt war, ohne diese Fensterläden nach draußen zu sehen. Tat es dann doch einmal eine, köpfte man sie. Huh, das waren harte Sitten.

In weiteren Räumen gibt es Spiegelgalerien mit UV-Licht, nachgestellte Szenen aus dem Handel und einen Frauenmarkt. Auf dem Freigelände sind Sindbad mit seinem Schiff, ein Zentaur, ein Zyklop, Pegasus und andere Darstellungen aus arabischen Märchen zu bewundern. Unsere Begeisterung kannte keine Grenzen darüber, wie lebendig man ein Museum gestalten kann.

Den Rest des Abends verbrachten wir bei einem Bier auf der Hotelterrasse, beobachteten eine Gruppe Fledermäuse, die sich lautlos schwirrend Wasser aus dem Pool holten und lauschten in die Dattelpalmplantage, aus der verschiedene Klänge der Nacht herüber kamen. Es war ein schöner, warmer Abend.

Wieder hieß es früh aufstehen, denn gegen 8 Uhr brachen wir zur letzten Etappe der Wüstensafari auf. Zuerst fuhren wir zurück nach Tozeur und dann weiter zu den Bergoasen im Atlasgebirge, nahe der algerischen Grenze. An einer Stelle näherten wir uns dieser Grenze bis auf achthundert Meter. An dieser Stelle erfuhren wir, dass die Algerier ohne Vorwarnung schießen, wenn man ihrer Grenze zu nahe kommt. Man sollte also die Straßen in diesem Gebiet nicht verlassen.

nahe der algerischen Grenze   auf dem Weg zu den Bergoasen

Unser erstes Ziel hieß Cheblika, wo mehrere Souvenirhütten und ein Bistro auf die Besucher warten. Ein hiesiger Führer zeigte uns die Schönheit dieses Fleckchens Erde. Vorbei an einem romantischen, in hohe Felsen mit Palmen eingebetteten Bach, erreichten wir einen kleinen Wasserfall, über den das Wasser einer nahegelegenen Quelle seinen Weg über das Land antritt. Fliegende Händler verkaufen aus den Felsen geschlagene versteinerte Muscheln und Salzkristalle. Nach einigem Handeln erwarb ich eine versteinerte Auster mit Salzkristallen im Inneren.

Dann stiegen wir über eine endlos scheinende Treppe einen der Berge hinauf. Bei der Hitze ist das eine sehr schweißtreibende Sache, zumal wir in Gedanken gar nicht auf so eine Sache eingerichtet waren. Oben angekommen, hatten wir einen sehr schönen Blick über die Oase.

Vielerorts ragen große Wassertanks aus der Landschaft. Das Wasser wird teilweise aus vierhundert Metern Tiefe gepumpt und kommt mit einer Temperatur von etwa 45°C nach oben. Nachdem es abgekühlt wurde, nimmt es seinen Weg zu den Häusern.

Bergoase Cheblika

ein Teil von Cheblika

In dem Hotel in Farouar erlebten wir, dass sehr heißes Wasser aus dem kalten Wasserhahn floss. Man muss es dann sehr lange laufen lassen, um kaltes Wasser zu bekommen, oder es müssen genügend Leute den kalten Wasserhahn aufdrehen. Wenn die Leitung eine Weile nicht benutzt wird, heizt sich das Wasser in derselben schnell wieder auf.

Der Abstieg von dem Berg gestaltet sich etwas mühsam, denn es gibt nur steile Trampelpfade über die Felsen, die auch noch von Geröll bedeckt sind. Kurz bevor wir unten ankamen, spazierten wir durch eine alte Ruinenstadt. Solche Ruinenstädte findet man häufig in der Wüste. Sie wurden allesamt durch den Regen zerstört, der manchmal unerwartet stark über die Wüste hereinbricht. Zu einer der Ruinenstädte, an der wir vorbeikamen, erfuhren wir, dass es dort fünfzehn Tage lang hintereinander regnete. Irgendwie schaffte es der Regen dann, die Stadt in Ruinen zu verwandeln. Es kam auch schon vor, dass Siedlungen fortgespült wurden, die leichtsinnigerweise in einem ausgetrockneten Wasserlauf gebaut worden waren.

Nach Cheblika besichtigten wir eine weitere Bergoase, namens Tamerza. Durch die Berge des Atlasgebirges, entlang eines großen Canyons, erreichten wir bald diese Oase. Dort gewährte man uns eine halbe Stunde Aufenthalt, in der wir uns den Canyon mit einem großen Wasserfall ansehen konnten. Der Canyon verrät, dass es auch hier einmal sehr viel Wasser gegeben hat. Heute ist nur noch ein Bach übrig. Landschaftlich ist Tamerza sehr schön.

Canyon von Tamerza

Wasserfall

Tee vom „Pfefferminzprinz"

eine Runde Tee bitte

In den letzten Minuten in Tamerza wollten wir noch einen Tee trinken. Dabei trafen wir auf den „Pfefferminzprinz", einen sehr netten Mann, der Tee verkauft. Der Pfefferminzprinz stellt sogar zur Wahl, ob man den Tee mit oder ohne Zucker trinken

möchte. Überall sonst bekommt man nur gesüßten Tee. Der ist landestypisch und so tranken wir unseren Tee auch, obwohl wir zu Hause nur ungesüßten Tee trinken.
Wir unterhielten uns mit ihm über Land und Leute. Der Pfefferminzprinz hielt sich, wie viele andere Tunesier auch, lange Zeit in Deutschland auf. Hier, in Tunesien, habe er sogar schon den Ex-Präsidenten Deutschlands, Richard von Weizsäcker, mit seinem Tee bewirtet, berichtete er stolz.
Der Pfefferminzprinz hat verschiedene Zeitungsausschnitte, die von ihm und seinen Gästen berichten, an seinem Hüttchen aufgehängt, auf die er ebenfalls sehr stolz ist. Am Ende unseres Aufenthaltes verriet er uns das Rezept für arabischen Tee. Man nehme auf einen Liter Wasser zwei Esslöffel grünen Tee, einen Esslöffel Pfefferminztee und vier Esslöffel Zucker. Das alles lasse man zwanzig Minuten leise köcheln, fülle es in Teegläser und verziere den Tee mit einem Blättchen Zitronenmelisse oder ähnlichem. Man kann auch ein paar Pinienkerne hineingeben, hervorragend. Ganz zum Schluss bekamen wir vom Pfefferminzprinz noch ein Glas Tee gratis, dann mussten wir weiter und wir wünschten ihm weiterhin ein gutes Geschäft.
Tamerza war die letzte Station in der Wüste, nun fuhren wir gen Mahdia. In Gafsa, der letzten Oase, bevor wir die Wüste endgültig verließen, legten wir eine Kaffeepause ein. Leider bekamen wir auch dort nicht die Sehenswürdigkeiten, wie zum Beispiel die römischen Schwimmbecken oder die Palmen- und Gemüsegärten, zu sehen.
Unsere letzte Station auf der Safari war Kairouan, die Heilige Stadt. Auf dem langen Weg von Gafsa nach Kairouan bezog sich der Himmel und wir konnten mehrere Sandteufel und kleine Tornados beobachten. Einer der Tornados strahlte in seiner ganzen Schönheit, die doch sehr oft sehr zerstörerische Ausmaße annehmen kann. Es waren sehr aufregende, zum Glück nur harmlose, Naturschauspiele. Da ich auf diesem Stück gerade mitten drin im Jeep saß und Klaus die lange, an sich eintönige Strecke auf seinem Fensterplatz verschlief, hatte ich keine Gelegenheit, den schönen Tornado zu fotografieren.
Es fielen sogar ein paar Regentropfen aus den dunklen Wolken, die jedoch kaum zu merken waren. Die meisten Regentropfen verdampften, bevor sie den Boden erreichten, aber von diesen wenigen Regentropfen lebt das Land.
In Kairouan wurde die erste Moschee Nordafrikas gebaut. Kairouan ist die vierte heilige Stadt des Islam. Jeder gute Moslem sollte, so es seine Gesundheit und seine Finanzen zulassen, einmal in seinem Leben nach Mekka pilgern. Das ist allgemein bekannt. Als Ersatz dafür kann er aber ebenso gut sieben Mal nach Kairouan gehen.
Als wir zur Besichtigung der Stadt aus dem Jeep stiegen, schlug uns immer noch eine große Hitze entgegen, obwohl wir die Wüste schon längst verlassen hatten. Das etwas Kühlung verschaffende Meer liegt noch zu weit entfernt.
Eine dreiviertel Stunde bekamen wir Gelegenheit, uns Kairouan etwas genauer anzusehen. Kairouan wurde im Jahre 670 gegründet und im 9. Jahrhundert die Hauptstadt des damaligen Gebietes und später Tunesiens.
Da die „Große Moschee" Jama Sidi Okba, die einzige der Öffentlichkeit zugängliche Moschee, leider nachmittags geschlossen ist, und es jetzt Nachmittag war, besichtigten

wir die Medina. Reges Handelstreiben belebt das Stadtbild. Hier fragten wir nach dem Preis für eine Wasserpfeife. Selbst, wenn wir uns handelseinig geworden wären, hatten wir doch nur noch 10,- Euro und keine Dinar mehr dabei. Auf jeden Fall war das zu wenig für eine Wasserpfeife. Die Wüstenfahrt war teuer, obwohl wir mehr Taschengeld mitgenommen hatten, als empfohlen war. Dabei hatten wir kaum etwas gekauft - hier bezahlten wir Eintritt, dort wollte jemand einen Obolus, und vor allem die Getränke hauten rein.

Von überall wurden wir angesprochen, wir sollten uns umschauen. Gucken kostet nichts, alles umsonst, faire Preise waren die Schlagworte. Es ist doch immer wieder ein Erlebnis, wenn man ab und zu durch solch eine lebhafte Medina bummelt.

Bevor wir die Fahrt nach Mahdia fortsetzten, kauften wir die letzte von unzähligen Flaschen Wasser dieser Safari. Bald würde der ewige Durst nachlassen.

Über Msaken und die Küstenstraße erreichten wir gegen 19 Uhr Mahdia. Vollgepackt mit Erlebnissen und Erfahrungen beendeten wir diese wunderschöne, manchmal auch anstrengende Safari. Wir verabschiedeten uns von allen Mitreisenden, bedankten uns bei Aref für die wundervolle Reisebegleitung und standen kurz darauf unter der so dringend benötigten Dusche. Im Hotel standen gerade einige Neuankömmlinge. Die müssen wer weiß was gedacht haben, als sie uns sahen.

Zum Abendbrot erlebten wir dann eine gar nicht so gute Überraschung. Die Hauptsaison hatte begonnen und es waren fünfzig Prozent mehr Tische und Stühle in den Speisesaal gebracht worden. Jetzt konnten wir uns nur noch mühsam zwischen den Tischen hindurchschlängeln, wenn wir zu unserem Tisch bzw. zum Buffet wollten. Es waren auf einen Schlag zu viele Leute geworden und mit der Gemütlichkeit war es vorbei. Die Animationsveranstaltungen, die bis jetzt abends im Nachtclub stattfanden, wurden ab sofort nach draußen verlegt, da die Abendtemperaturen draußen inzwischen recht angenehm geworden waren.

Mit einem Strandspaziergang beendeten wir den Tag.

Hotelbrunnen

Wieder einmal hatten wir einen Ruhetag nötig. Eigentlich wollten wir früh nach Monastir fahren, um tauchen zu gehen. Ein Blick aus dem Fenster ließ uns diesen Gedanken schnell wieder vergessen. Also blieben wir liegen und schliefen aus, gerade solange, dass wir die letzten beim Frühstück waren. Um 11.52 Uhr fuhr der nächste Zug nach Norden.

Nach dem Frühstück hatte sich das Wetter gebessert und die Sonne schien wieder. Wir beschlossen, uns einen der kleinen Küstenorte anzusehen, für Monastir war es jetzt zu spät. Klaus hatte auf dem Rückweg von der Safari eine Werft gesehen. Die wollen wir besuchen. Außerdem fuhren wir mit dem Zug schon einige Male an einem kleinen Salzsee vorbei, den wir uns nun aus der Nähe ansehen wollen.

Bis zur Zugabfahrt legten wir uns noch eine Stunde an den Strand. Wir kamen sowieso viel zu wenig da hin.

Zum Frühstück hatten wir ein Streitgespräch, wo denn nun die besagte Werft genau liegt. Nach meiner Meinung ist die Werft, in der schöne Holzschiffe gebaut werden, in Sayada, acht Stationen mit dem Zug entfernt. Klaus meinte, wir müssten bis kurz vor Monastir, also fast doppelt so weit fahren. Das kann nun absolut nicht sein, denn wir gelangten erst einiges hinter Monastir auf die Küstenstraße. Wir einigten uns auf Lampta, eine Station hinter Sayada, wo wir dann auch aus dem Zug stiegen. Der Weg zum Strand ist nicht so weit. Wo ist nun die Werft? Wir konnten weit und breit nichts ausmachen. Sie muss wohl doch näher an Mahdia liegen. Also liefen wir los, immer am Strand entlang, manchmal auch auf der Straße, zurück in Richtung Mahdia.

Der nächste Ort, den wir erreichten, hieß Sayada. Auch dort hatten wir kein Glück, wo ist denn bloß diese Werft? So liefen wir immer weiter und die Sonne wurde immer wärmer. Wir waren weit und breit die einzigen Touristen. In diese kleinen Orte verirrt sich kaum ein Ausländer. Entsprechend fragend wurden wir dann auch von den Einheimischen betrachtet.

Der nächste kleine Ort, der es garantiert nicht sein konnte, liegt jetzt noch drei Kilometer weit weg. Langsam fingen wir an, nach einem Taxi zu suchen, aber es ist keines auf dieser Strecke unterwegs. Da hielt ein LKW, der uns mitnehmen wollte. Dankbar stiegen wir ein und die beiden Fahrer brachten uns freundlich bis nach Teboulba, etwa fünf Kilometer weiter. Dort waren wir richtig und wir ließen uns direkt vor der Werft absetzen.

Zuerst inspizierten wir einen kleinen Ableger der Werft, in dem kleine Boote gebaut werden. Ein Boot war gerade in Arbeit. Man sieht daran sehr schön, wie sich so ein Bootsskelett zusammensetzt. Wahnsinn, wie man solch dicke Holzteile biegen kann, um einen schön geschwungenen Rumpf für ein Boot zu erhalten.

Am Strand und auf einem Stück Mole entlang erreichten wir die große Werft, auf der gerade ein Schiff auf die gleiche Art und Weise, wie die kleinen Boote, gebaut wurde. Es ist sehr interessant. Ein paar halbwegs fertige Boote waren auf einen anderen Teil der Werft zum Ausbau verlegt worden. Solche Holzboote haben doch eine ganz andere, viel wärmere Ausstrahlung als ein Schiff aus Stahl.

traditioneller Bootsbau

Nachdem wir uns dort umgesehen hatten, versuchten wir zu unserem anderen Ziel für diesen Tag zu gelangen, dem Salzsee. Klaus hielt ein Taxi an, denn der Salzsee befindet sich im nächsten Ort. Vorher brauchten wir unbedingt noch etwas zu trinken und so hielten wir auf der Fahrt zum Salzsee noch schnell an einem Getränkeladen an.
den See heran. Wir fragten, wie viel wir zu zahlen hätten. 10,- Dinar für fünf Kilometer wollte der Taxifahrer von uns haben. In Mahdia bezahlten wir für sieben Kilometer 2,- Dinar. Ja, er wäre schon von wo hergekommen und wir müssten das mitbezahlen. Wir gaben ihm zu verstehen, dass er nur das Geld für die Strecke bekommt, für die wir ihn in Anspruch genommen haben, im Höchstfall 3,- Dinar. Wir diskutierten solange, bis er auch die 3,- Dinar nicht mehr wollte. Er winkte ab und wir stiegen aus. So fuhren wir diesmal umsonst und hatten einen Teil unserer Verluste, die wir an anderer Stelle aus Unwissenheit erlitten hatten, wieder herausgeholt. Es ist zu erwähnen, dass sich unsere „Verluste" doch immer noch sehr in Grenzen hielten.

kleiner Salzsee bei Bekalta

Es war nicht leicht, sich bis an den Rand des Salzsees durchzuarbeiten. Dieser kleine Salzsee besitzt eine schöne, weiß schimmernde Schicht, so wie es bei einem Salzsee sein sollte. Schon am Rande des Sees, der mit flachem Gestrüpp bewachsen ist, merkt man, dass der Untergrund keineswegs fest ist. Es gibt feuchte Stellen, die unter unseren Schritten nachgeben. Wie sieht es dann erst auf der Oberfläche des Sees aus? Einen

Salzsee zu betreten sollte man tunlichst unterlassen, aber das hatte ich ja schon einmal erwähnt. Der See ist auch vom Rande aus sehr schön.
Auf dem Rückweg zur Straße fanden wir das ausgeblichene Skelett eines Tieres. Klaus meinte, dass es ein Schaf gewesen sein könnte.
In Bekalta wollte ich mir noch die Ruinen von Thapsus, einer weiteren alten Siedlung, ansehen, von der unser Hotel seinen Namen hat. Thapsus liegt auf der anderen Seite von Bekalta am Strand, zumindest laut Karte. Wir liefen durch die halbe Stadt und konnten kein Meer entdecken. Um einen besseren Überblick zu bekommen, erklommen wir eine Anhöhe. Diese entpuppte sich als Plateau, von dem aus wir auch nichts entdecken konnten. So weit weg kann doch das Meer gar nicht entfernt sein, man hätte es doch zumindest irgendwo am Horizont sehen müssen.
Obwohl wir seit der Taxifahrt eine Flasche Wasser getrunken hatten, quälte uns schon wieder der Durst. Unverrichteter Dinge, der Weg wäre viel zu weit gewesen, gingen wir zur Hauptstraße zurück. Dort hatten wir vorher ein Café gesehen, in das wir jetzt einkehrten. Ich bestellte eine Fanta, Klaus ließ sich einen Espresso bringen. Er sagte, dass der Espresso sehr gut schmeckt und ich bekam Appetit. Etwas später bestellten wir beide noch einen Espresso.
Während wir uns so ausruhten, beobachteten wir das Treiben auf der Straße. Es kamen inzwischen immer mehr Männer auf einen Plausch in das Café. Frauen sind in Cafés und Restaurants nicht anzutreffen. Unsere Reiseleiterin hatte erklärt, dass die Frauen ihr Gesicht verlieren würden, wenn sie dort hingehen, wieder einmal eine Religionssache. Wir Ausländerinnen könnten jedoch überall uneingeschränkt hingehen, denn wir hätten kein Gesicht zu verlieren.
Nach einer Weile kam der Eigentümer, ein irisch aussehender Mann, mit zwei Cappuccino für uns, an den Tisch. Die wären gratis, auf Kosten des Hauses. Leider konnten wir uns gegenseitig nicht verstehen, um herauszubekommen, was ihn dazu bewog. Vielleicht hatte er so selten europäischen Besuch. Wie gesagt, hier kommt wohl kaum ein Ausländer her. Wir bedankten uns ganz herzlich und ließen uns den Cappuccino schmecken.
Über eine Stunde hielten wir uns dort auf, bis der nächste Zug nach Mahdia fuhr, das war gegen 16 Uhr.
Bis zum Abendbrot verbrachten wir die Zeit am Strand, wo ich das erste Mal zu schnorcheln versuchte. Etwas außerhalb der abgegrenzten Badezone befindet sich eine Sandbank, die wir manchmal aufsuchen. Dort ist das Wasser klarer als in Strandnähe. Wenn die Füße im Sand stehen, kommen jedes Mal viele kleine Barsche und schwimmen um sie herum. Das ist niedlich anzusehen. Sonst ist außer den braunen Bällen, die Algen sein sollen und massenweise an den Strand gespült werden, nichts zu entdecken.
Als ich genug hatte, ging Klaus alleine schnorcheln und schwamm dabei sehr weit hinaus. Ich konnte ihn nicht mehr beobachten und machte mir Sorgen. Er war über eine Stunde dort draußen und der Hotelstrand leerte sich inzwischen, auch die Sonne war verschwunden. Der Himmel hatte sich bewölkt und es wurde kühl. Die

Hotelangestellten am Strand fragten mich schon immer, was los sei. Einer von ihnen war dann auch der erste, der Klaus zurückkommen sah. Ich war sehr erleichtert, während Klaus ganz begeistert von Rochen, großen Quallen, Nacktschnecken und anderem Meeresgetier berichtete.

Nach dem Abendessen gingen wir wieder in das maurische Café, um Tee zu trinken. Dort drinnen läuft manchmal der Fernseher nebenher, so dass wir ab und zu einen Wetterbericht verfolgen konnten. Vor allem der Wetterbericht von Deutschland interessierte uns. Zu Hause war das Wetter durchwachsen, manchmal wärmer, aber fast immer kühl. Ich meine, in Tunesien scheint auch nicht immer die Sonne, aber über 30°C hatten wir immer.

Zum Animationsprogramm auf der Showbühne hieß es heute „Paarwahl". Vier Paare aus verschiedenen Ländern spielten das Spiel. Das Paar, das am Ende die höchste Punktzahl erreichte, gewann. Da die Terrasse sehr voll war, gingen wir auf unser Zimmer und sahen uns das Spektakel vom Balkon aus an. Dank der Lautsprecher konnten wir alles gut verstehen, was gesagt wurde.

Um 5.45 Uhr sollte die Fahrt nach Tunis und Karthago beginnen. Wir ließen uns wecken, gingen frühstücken und warteten auf den Bus, der da kommen sollte. Mit einer halben Stunde Verspätung kam ein Kleinbus. Außer uns warteten noch zwei Frauen und der Bus war damit schon voll. Da ist doch wieder etwas schief gegangen. Klappt denn hier überhaupt nichts? Der Reiseleiter für diesen Tag lief einige Male zwischen Rezeption und Bus hin und her. Das Ergebnis war, dass zwei Mann zu viel für diese Fahrt gebucht waren. Zuerst sollten wir beide das sein, bis ich sagte, dass wir uns schon vor einer Woche für diese Fahrt angemeldet hatten. Dann waren die zwei Frauen zu viel, die mit uns warteten. Bei der ganzen Diskussion stiegen die Leute aus dem Bus, die aus einem anderen Hotel kamen. Sie fragten, ob diese Fahrt mit dem Kleinbus stattfindet, denn eigentlich war von einem Reisebus die Rede. Als der Reiseleiter bestätigte, dass die Fahrt mit dem Kleinbus stattfindet, weil nicht genügend Leute für den Reisebus zusammengebracht worden waren, sagten die Leute, dass sie nicht mitfahren würden. Jetzt waren wir selbst für den Kleinbus zu wenig Leute und die Fahrt sollte ganz ausfallen. Der Reiseleiter tätigte nach unserem Protest einen weiteren Anruf und bekam grünes Licht für die Fahrt.

Zwei Stunden fuhren wir über die Autobahn nach Tunis. Bis Grombalia kannten wir die Strecke von unserer Mietwagenfahrt her schon. Je nördlicher man kommt und sich Tunis nähert, umso höher werden die Berge, in denen unter anderem Mufflons, Hirsche, Adler und sogar Hyänen vorkommen.

Über die südlichen Vororte von Tunis erreichten wir das Stadtzentrum, in dem flache, moderne Häuser vorherrschen. Nur im Zentrum erreichten die Häuser fünf bis sechs Stockwerke. Tunis ist eine moderne Großstadt, wie jede andere auch, mit all ihren Vor- und Nachteilen. Sie ist laut, dreckig, hektisch und nicht einmal schön.

Tunis wurde praktisch auf den Resten Karthagos gebaut und erst im 19. Jahrhundert zur Hauptstadt Tunesiens, löste also Kairouan ab. Tunis hatte seine Blütezeit im 13.

Jahrhundert und konkurrierte mit Bagdad im Bereich Glanz und Reichtum. Davon ist heute nicht mehr viel übrig.

Den ersten Stopp legten wir auf der ersten Straße von Tunis, der Avenue Bourguiba, ein, wo wir eineinhalb Stunden Aufenthalt bekamen. Die Medina soll sich nicht weit entfernt befinden, aber Klaus wollte nicht dorthin. Er hatte schon genug Medinas für seinen Bedarf gesehen. So sahen wir uns in der neuen Stadt mit ihren Boutiquen, Cafés, Restaurants und Galerien um. Es sind moderne Geschäfte mit europäischen Preisen. Wir spazierten auch ein paar Straßen abseits der Hauptstraße entlang.

Nahe der Stelle, an der wir abgesetzt wurden, befindet sich die einzige Kirche, die ich in Tunesien gesehen habe. Das Innere der Kathedrale ist riesig, aber nicht prunkvoll. Überall ziehen sich dicke Risse durch das Mauerwerk. Eine Besonderheit hat diese Kirche doch: es ist die erste Kirche, bei der ich hinter dem Altar entlang laufen konnte.

Kathedrale von Tunis

Nach dem kurzen Kennenlernen des Stadtzentrums von Tunis fuhren wir nach Karthago weiter, denn nicht das ganze alte Karthago ist von der neuen Stadt Tunis überbaut worden. In der Nähe der nicht überbauten Ruinen von Karthago befindet sich heute ein Nobelviertel von Tunis und der Präsidentenpalast, der unter keinen Umständen fotografiert werden darf, was Auswirkungen auf unsere Motive im Freilichtmuseum hatte.

Vor dem Eingang der Ausgrabungsstätte wurden wir abgesetzt. Der Eintrittspreis war im Fahrpreis von 45,- Dinar pro Person enthalten, nur für die Fotoerlaubnis mussten wir einen Dinar extra bezahlen.

Auf dem Gelände des Museums besichtigten wir Kindersarkophage, in denen Kindesopfer bestattet wurden, eine alte Schule, eine Basilika und verschiedene Eingänge zu Kellern. Das sind alles römische Ruinen. Nur an einer Stelle wurde so tief gegraben, dass noch Grabhöhlen der Phönizier zum Vorschein kamen.

Karthagos Entstehung wird durch eine Legende erzählt. Vor sehr vielen Jahren musste eine phönizische Prinzessin aus ihrem Land fliehen. Mit einigen Gefolgsleuten und Auswanderungswilligen setzte sie Segel nach irgendwo. Dabei wurde sie an die Küste des heutigen Tunesien verschlagen. Da dort nach damaligem Recht kein Ausländer Grundbesitz haben durfte, hätte sie sich eigentlich nicht dort niederlassen dürfen. In ihrer Verzweiflung rief sie die Ureinwohner an, ihr doch ein Stück Land von der Größe einer Kuhhaut zu überlassen. Da willigten die Ureinwohner ein. Die Prinzessin war schlau, schnitt die Kuhhaut in schmale Streifen und umriss damit ihr Land, das dadurch eine Größe von mehreren Quadratkilometern erreichte. Dort ließ sie sich nieder und baute Karthago auf. Später kamen die Römer, zerstörten das alte Karthago nach drei Kriegen und bauten ihr eigenes Karthago darauf.

Die vollständig ausgegrabenen Antonius-Thermen sind das Prunkstück des Freilichtmuseums. Das muss einmal eine gewaltige Anlage gewesen sein, deren Größe man heute nur noch erahnen kann.

Am Eingang hängt eine Karte mit einer Übersicht, wie das römische Karthago einmal ausgesehen hat. Danach kann man ein Amphitheater, zwei Hafenanlagen und viele weitere Bauten besichtigen. Leider war unsere Zeit zu knapp bemessen, so dass wir nur das Freilichtmuseum besuchen konnten. Das war ärgerlich.

prächtige Bougainvillea

Mosaik aus einer Schule

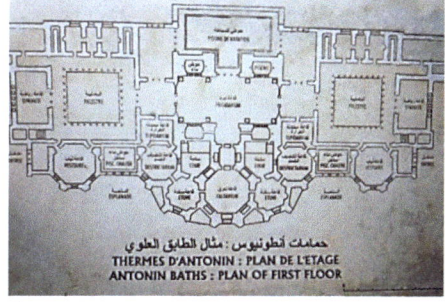

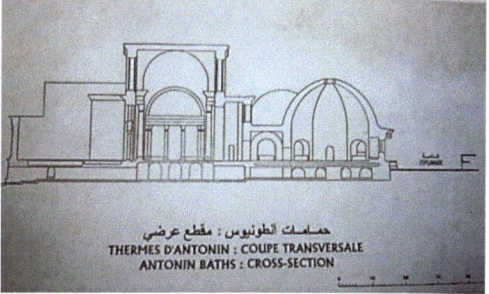

Übersicht der Antonius-Thermen

die Antonius-Thermen

Kanalisation

Grabhöhlen der Phönizier

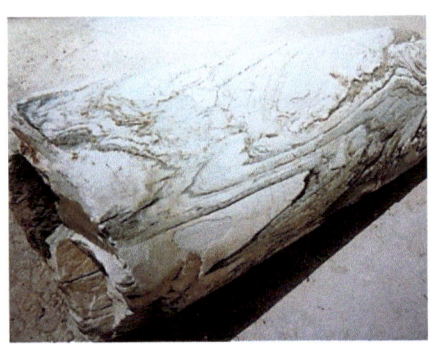
Rest einer Marmorsäule

Marmorfries

Nach dem Besuch der Ausgrabungsstätte von Karthago fuhren wir zur Künstlerstadt Sidi Bou Said weiter. Auf dem Weg dorthin kamen wir am Eingang des Präsidentenpalastes vorbei. Davor patrouillieren mit mächtigem Lametta an den Uniformen zwei Wachposten. Rechts und links der Straße breiten sich überall begonnene Ausgrabungsstätten aus. Das römische und heutige Karthago erstreckt sich von Tunis bis nach Sidi Bou Said, etwa sechzehn Kilometer im Durchmesser.

In Sidi Bou Said hielt sich unser Aufenthalt sehr in Grenzen. Zwanzig Minuten gab uns der Reiseleiter, den Ort zu erkunden. In dieser Zeit schafften wir es gerade, drei Straßen weit zu laufen und nur einen kleinen Eindruck von der Schönheit dieses Dörfchens zu gewinnen. Die weißgekalkten Häuser mit den blauen Fenstern und Türen strahlen schon ein sehr eigenes Flair aus, zumal Sidi Bou Said auf einer Hügelkuppe direkt über dem Meer liegt. Hier ließen sich schon große Künstler, Maler und Schriftsteller, nieder oder wohnten zumindest eine Weile hier. Durch zwei Häuser hindurch konnten wir einen Blick über Karthago mit seinen Häfen und nach Tunis werfen. Auch in Sidi Bou Said finden sich viele Souvenirläden.

Künstlerort Sidi Bou Said

Inzwischen war es an der Zeit, zum Mittagessen zu fahren. Dazu ging es nach Tunis zurück, wo wir am Stadtrand an einem großen Platz in ein Restaurant einkehrten. Wir bekamen einen der Außentische. Als Vorspeise servierte man die bekannte gefüllte Teigtasche. Das Hauptgericht bestand aus Schaschlik, Pommes frites und Reis und als Nachtisch reichte man Apfelsinen. Vor allem konnten wir erst einmal richtig unseren Durst stillen, denn wir hatten seit dem Frühstück nichts mehr getrunken.

Am Nachmittag besuchten wir das Bardo-Museum im gleichnamigen Vorort von Tunis. Die Altstadt, also die Medina, existiert in Bardo nicht mehr, nur das große Stadttor steht heute noch.

Das Bardo-Museum beherbergt die größte Mosaiksammlung auf der Erde. Den Besuchern werden Statuen, Sarkophage, Stelen und viele kleine Ausgrabungsfunde, wie Grabbeigaben, gezeigt. Vor allem die Mosaiken aus den verschiedenen römischen Städten Tunesiens sind sehr interessant und von auserlesener Schönheit. Darauf werden verschiedenste Themen dargestellt: Götterwelt, Sagenwelt, christliche Motive, Szenen des damaligen Lebens und Tierisches. Das Museum zeigt aber auch noch viele weitere geschichtliche Dinge.

Innenhof des Bardo-Museums

Sammlung von Statuen

Mosaik mit Meeresungeheuern

Mosaik aus Karthago

Nach diesem Museumsbesuch beendeten wir unseren Tunis/Karthago-Ausflug und fuhren nach Mahdia zurück, wo wir gegen 18 Uhr ankamen. Alles in allem waren diese Fahrt und der Reiseleiter nicht optimal. Erst einmal sind Tunis und seine Umgebung nicht gerade als schön zu bezeichnen und zweitens schickte uns der Reiseleiter fast nur zu Einkaufstouren. Der Reiseleiter war übrigens Tunesier, der in Deutschland Tourismus studierte. In Tunis und Sidi Bou Said erklärte er uns nur, wo wir am besten etwas einkaufen können. Es erzählte nur wenig Wissenswertes über diese Gegend, von den Ruinen Karthagos bekamen wir nur wenig zu sehen.

Heute sollte nun endlich unser Schnuppertauchkurs stattfinden. Dafür fuhren wir um 8.52 Uhr mit dem Zug nach Monastir. Das Wetter war sonnig, gerade richtig für einen schönen Tauchgang. Die Badesachen und Schnorchelausrüstung waren eingepackt. Vom Bahnhof in Monastir liefen wir geradewegs zum Hafen, wo sich die Tauchstation befindet, aber wieder standen wir vor verschlossener Tür und waren bitter enttäuscht. Das war unsere letzte Gelegenheit. Ein Mann kam gerade vorbei und fragte, was wir suchen. Wir fragten ihn, ob in dem Tauchzentrum heute noch jemand sein würde und bekamen zur Antwort, dass erst am nächsten Tag wieder geöffnet sein wird. Uns blieb zwar bis zur Abreise noch Zeit, aber wir hatten diese Woche schon einmal stundenlang vor dieser verschlossenen Tür gestanden. Es kann ja auch sein, dass die Leute dann auf

Tauchfahrt sind. Jedenfalls war uns das zu unsicher, am nächsten Tag noch einmal vorbeizukommen. So platzte unser Traum vom Tauchen in Tunesien. Ärgerlich gingen wir zurück zum Bahnhof, um den nächsten Zug nach Mahdia zu erreichen.

Es ist Sonntag und viele Leute fahren mit dem Zug aus den Küstendörfern zu den großen Badeorten, wo die Strände und das Wasser wesentlich sauberer sind. Entsprechend voll sind die Züge an diesem Tag.

In Mahdia fuhren wir bis zur Endstation in der Stadt und spazierten dann am Meer entlang in Richtung alten Hafen, wo Klaus wenigstens noch schnorcheln gehen wollte. Bei unseren bisherigen Spaziergängen stellten wir fest, dass es sich lohnt, dort unter Wasser zu sehen. Wir suchten uns eine schöne Stelle aus und Klaus stieg in das knietiefe Wasser. Er war begeistert und forderte mich auf, mir auch einmal die Schönheiten unter Wasser anzusehen. Ich rüstete mich also mit Tauchermaske und Schnorchel aus und stieg ebenfalls ins Wasser. Das war gar nicht so einfach, da der Boden sehr glitschig und die Felsen sehr scharfkantig sind.

Das Wasser ist glasklar. Überall wachsen grüne und weiße Algen, hier und da hält sich ein Seeigel in einer Nische versteckt. Ein paar kleine Fische tummeln sich im Wasser. Beim Laufen im Wasser kann es jedoch zu schlimmen Verletzungen kommen, denn hier und da öffnen sich größere Löcher und Gräben. Sie sind von oben kaum zu sehen, zumal man sie nicht erwartet.

Nach dem Schnorchelausflug wechselten wir zur alten Hafeneinfahrt, wo Klaus noch einmal ins Wasser stieg. Dabei fand er sogar ein Stück einer alten Marmorsäule unter Wasser.

Während ich am Rand des Wassers saß und mich sonnte, kamen zwei Jungs aus dem Wasser. Sie hatten weiter draußen kleine Kraken gefangen und an einer Schnur aufgehängt. So versorgten sie sicher ihre Familie mit etwas Frischem. Man kann hier einfach so Fische fangen gehen und bei Bedarf auf der Straße verkaufen. Das Meer gehört allen, die brauchen keine Genehmigung.

Nachdem Klaus genug geschnorchelt hatte, zogen wir uns an und spazierten auf der anderen Seite des Caps Africa zurück nach Mahdia. Überall tummeln sich junge Leute im Wasser oder schnorcheln hier und da. Mit der Ruhe ist es Sonntags wohl vorbei.

die ruhige Seite Mahdias

Ein Taxi brachte uns zum Hotel zurück. Die Suche nach einem Laden, in dem Taucherzubehör verkauft wird, blieb die ganzen Tage erfolglos. Vielleicht könnten wir in Tunesien billiger zu Tauchausrüstung kommen, dachten wir. Wahrscheinlich ist der Bedarf im Lande nicht da und die Touristen bringen ihre eigene Ausrüstung mit.

Den Rest des Tages, es war erst Nachmittag, verbrachten wir am Strand und schnorchelten ein wenig. Als mir kalt wurde, wollte ich aus dem Wasser. Da rief mich Klaus zurück. Er hatte eine der großen Quallen entdeckt, von denen er vor ein paar Tagen erzählt hatte. Ich sollte sie mir ansehen. Ich setzte meine Tauchermaske also wieder auf und guckte ins Wasser. Zuerst sah ich nichts, denn der Sand war aufgewühlt, dann kam eine dieser Quallen zum Vorschein. Hilfe, das war ein riesiges Tier, so fett und so undurchsichtig grau. Langsam tauchten immer mehr von denen in meinem Blickfeld auf. Ich konnte gar nicht einschätzen, wie nah sie mir schon waren. Da ergriff mich die Panik und ich schrie mit dem Schnorchel im Mund. Wie um mein Leben schwamm ich zum Strand zurück, ohne mich umzusehen, und ja nicht die Beine absenken. Unterwegs schluckte ich noch zweimal kräftig dieses Salzwasser. Mit Müh und Not erreichte ich den gar nicht so weit entfernten Strand. So groß und bedrohlich dunkel, wie sich die Quallen in meiner Reichweite präsentierten, kamen sie mir wie Monster vor. Sie sind nicht eben schön. Nie wieder steige ich ohne Tauchanzug ins Wasser, um zu schnorcheln oder gar zu tauchen. Die Quallen kamen an diesem Tag schon bis an den Strand. An den ersten Tagen sah man nicht eine von ihnen, jetzt kamen sie jeden Tag näher und es werden immer mehr. Bloß gut, dass unser Urlaub zu Ende ist, denn ich wäre nicht wieder in das Wasser gegangen.

Nach dem Abendbrot tranken wir unseren allabendlichen Tee im maurischen Café. Diesmal probierten wir einen Dattellikör dazu. Ein paar Tage zuvor probierten wir schon einen Feigenschnaps, Boukha genannt. Beide sind etwas außergewöhnlich im Geschmack, aber gut. Vor allem der Dattellikör ist Spitze.

Der letzte Tag unseres Urlaubs ist angebrochen, bevor es morgen wieder nach Hause geht. Wir hatten uns nichts mehr vorgenommen und verbrachten fast den ganzen Tag am Strand. Es war das erste Mal in vierzehn Tagen, dass wir so lange Zeit am Strand verbrachten. Auf einem Strandspaziergang sammelten wir Muscheln für zu Hause. Dazu suchte ich einen schönen braunen Algenball, der getrocknet wie ein Haufen Heu aussieht.

Es war nicht leicht, an diesem Tag einen Sonnenschirm zu bekommen. Deshalb gesellten wir uns zu zwei jungen Frauen, weil wir fanden, dass für zwei alleine der Sonnenschirm zu groß ist. Sie waren nicht begeistert, dass wir ihnen so nah auf die Pelle rückten, aber sie sagten auch nichts. Ohne Sonnenschirm ist ein Strandaufenthalt auf die Dauer unmöglich. In das Wasser ging ich aber nicht mehr, wegen der vielen Quallen.

Um 18 Uhr wartete noch ein Termin auf der Pferde-Ranch neben dem Hotel, die ich mir schon seit vierzehn Tagen von außen ansehen musste, ohne einmal reiten zu dürfen. Für den letzten Abend hatte ich mir deshalb vorgenommen, reiten zu gehen. Klaus kam mir zuliebe sogar mit. Wir bekamen einen Helm aufgesetzt und einen Reitlehrer zur Seite. Drei junge Frauen ergänzten die Gruppe. Im Gegensatz zu uns konnten sie reiten. Nach einer kurzen Einweisung ritten wir zuerst ein Stück die Hotelstraße entlang, um etwas später zwischen den Hotels hindurch den Strand zu erreichen. Dort ging unser Ritt gemächlich, immer am Wasser entlang, weiter. Mein Pferd wollte nicht laufen und der Reitlehrer nahm es an die Leine. Nach einer Weile fragte er uns, ob wir reiten könnten. Wir sagten, dass wir schon auf Pferden gesessen hätten, aber reiten...? Wieder etwas später fragte er, ob es auch etwas schneller gehen dürfe. Dann zeigte er uns, wie man sich im Trab auf dem Pferderücken zu bewegen hat. Eins, zwei... eins, zwei..., meine Güte ist das anstrengend. Aufstehen, setzen, aufstehen, setzen, immer schön im Rhythmus der Pferdebewegungen. Dann legten wir eine Pause ein, bevor es zur zweiten Runde ging. Wir brauchten eine Weile, um den Bogen herauszubekommen, es klappte jedoch jedes Mal besser. So ritten und trabten wir, dabei wurde uns durch die Anstrengung immer wärmer, eine halbe Stunde am Strand entlang, ehe wir umkehrten. Gerne hätte ich auch einmal den Galopp ausprobiert, aber das wollte unser Reitlehrer auf das nächste Mal verschieben. Leider war es unser letzter Abend und es gab kein nächstes Mal mehr. Galopp wäre beim ersten Versuch eine Katastrophe, bedeutete der Reitlehrer.

Pferde-Ranch   Ausritt am Strand

Mit etwas angeschlagenen Knien, durch das ewige Aufstehen und Setzen beim Trab, trafen wir nach einer Stunde auf der Ranch ein. Ich war froh, dass es mit dem Reiten doch noch geklappt hatte, sogar mit Unterricht. Unser letztes Reitabenteuer ist schon eine ganze Weile her. Das entspannte Westernreiten wäre jedoch eher etwas für mich.
Zum Abendessen überraschte man uns mit einer Kerze und Blumen auf dem Tisch, ein Abschiedsgruß des Hotels, den wir sehr nett fanden.
Den letzten Abend wollten wir mit etwas ganz besonderem beschließen. Wir kauften eine Flasche tunesischen Roséwein, organisierten zwei Stühle von der Liegewiese und setzten uns im Dunkeln an den Strand, direkt an das Wasser. Wenn der Wind nicht so kühl gewesen wäre, wäre das ein richtig schönes Erlebnis gewesen. Das leise Plätschern der Wellen, die Lichter draußen auf dem Wasser und die Ruhe am Strand, einfach herrlich.

Unsere letzten Stunden in Tunesien. Wir waren nicht froh darüber, dass unser Urlaub schon wieder zu Ende war, aber wir hatten doch vieles gesehen und erlebt. Manches harrt noch unserer Entdeckung, wie zum Beispiel der Nordwesten des Landes. Zudem hätten wir uns gerne die Meeresoase Gabes etwas genauer angesehen, Sfax und die Inseln Kerkennah, sowie noch ein paar Ausgrabungsstätten, wie die größte von ihnen, Dougga.

Nach dem Frühstück packten wir die Sachen in die Koffer, verstauten unsere Souvenirs, wie die Wasserpfeife und den Tontopf. Meine Güte, sind die Koffer schwer.

Ach ja, wie kamen wir zu der Wasserpfeife? An diesem Morgen fuhren wir noch einmal kurz nach Mahdia, um eine Wasserpfeife zu kaufen. Wir ließen uns mit dem Taxi fahren und vor dem Tor der Medina absetzen. Dort begrüßte uns gleich ein Animateur aus dem Hotel. Sein Dienst hatte noch nicht begonnen. Wir erzählten ihm von unserem Vorhaben und er führte uns in das nächstgelegene Geschäft, das seinem Bruder gehört. Natürlich werden wir die Wasserpfeife zu einem fairen Preis bekommen. Wir wollten eine Wasserpfeife zum Gebrauch haben, keine, die nur Souvenir ist. Der Bruder zeigte uns sein Angebot. Nur eine Wasserpfeife erregte mein Interesse, obwohl die auch nicht unbedingt das war, was mir in meiner Vorstellung vorschwebte. Er machte einen „fairen" Preis von 65,- Euro. Wir lachten herzhaft und sagten, dass wir inzwischen wüssten, was so etwas kostet. Nun waren wir an der Reihe, ihm ein Angebot zu unterbreiten. 23,- Euro wollten wir ihm geben. Er verneinte und lachte nun uns aus. Dazu erklärte er, dass handeln Spaß macht, wir sollten ihm ein neues Angebot machen. Klaus blieb weiter bei 23,- Euro, der Geschäftsmann seinerseits ging nun auf 46,- Euro herunter. Das war immer noch viel zu teuer. Im Hotel würden wir für eine solche Wasserpfeife 30,- Euro bezahlen. So bot ich 27,- Euro, man muss den Leuten ja auch etwas entgegen kommen. Mehr wollten wir auch nicht ausgeben, es war unser letztes Geld. Der Mann hielt uns dabei die Wasserpfeife immer unter die Nase, zu der eine Kohlezange, eine Flaschenbürste und ein Päckchen Holzkohletabletten gehören. Dann erklärten wir, dass wir 31,- Euro nicht geben würden und uns erst nach einem anderen Angebot umsehen wollten. Außerdem wollten wir sowieso noch ein wenig durch die Medina bummeln. Wir würden es uns überlegen.

Er ließ uns einfach nicht weg. Wir sollen eine Anzahlung dalassen, damit wir auch wiederkommen. Was soll denn das nun? Nein, wir sehen uns andernorts um und waren schon auf dem Weg zur Medina, als er uns plötzlich zurief: na gut, 27,- Euro. Da willigten wir in den Kauf ein, billiger würden wir sowieso nirgends eine Wasserpfeife bekommen und sie ist doch ganz schön. Ich ließ die Wasserpfeife auspacken, damit ich mich überzeugen konnte, dass sie in Ordnung ist. Beleidigt packte der Händler das gute Stück aus und zeigte sie uns. Sie ist okay und wir bezahlten. Sauer blieb der Mann zurück und wir waren froh, noch eine guten Kauf getätigt zu haben.

Anschließend spazierten wir durch die Medina und sahen uns dort noch einmal nach einer Wasserpfeife um. Wir hatten schon gut gekauft, jetzt fehlte uns nur noch der Tabak. Wir fragten einen Gewürzhändler, was er für eine Packung Tabak haben will.

12,- Dinar, dann 11,- Dinar, unser Angebot lag bei 3,- Dinar. Da winkte er ab, ihm war wohl nicht nach handeln. Auch gut, es muss noch mehr Gewürzhändler geben.

Am Hafen standen einige Stände, an einem davon wurde Tabak verkauft. Dieser Händler wollte nur 5,- Dinar haben. Die gaben wir ihm ohne zu handeln, es war sowieso schon bloß noch die Hälfte des Angebotes vom ersten Händler. Im Supermarkt kauften wir noch eine Flasche Wasser und dann fuhren wir zurück zum Hotel.

Für die restlichen zwei Stunden bis zum Mittag suchten wir noch einmal den Strand auf. Die Sonne schien nicht und es war kühl. Klaus stieg ein letztes Mal zum Schnorcheln ins Wasser, kam aber bald wieder heraus. Der Wind hatte das Wasser und den Sand zu sehr aufgewühlt. Es war nichts zu sehen, nur ein Schwarm von zirka fünfzig Quallen hielt sich in Strandnähe auf, das war selbst Klaus zu viel.

Um 12 Uhr mussten wir unser Zimmer verlassen, um 15.40 Uhr starteten wir zum Flughafen. In der Zwischenzeit wollten wir einen Oktopus „Provenciale" in der Snack-Bar des Hotels probieren. Wir hatten Pech, der war nicht im Angebot. So mussten wir uns auf der Terrasse mit frittierten Tintenfischringen begnügen. Danach saßen wir mal hier und mal da, machten eine letzte Runde durch das Hotelgelände und warteten auf die Abreise. Einen großen Spaziergang wollten wir bei dem Wetter, die Sonne war inzwischen doch noch herausgekommen, nicht machen. Mit verschwitzten Sachen im Flugzeug sitzen ist nicht so unser Ding. Umziehen konnten wir uns nun nicht mehr.

In der Hotelhalle gönnten wir uns noch zwei Cocktails und spielten dabei „Mensch-ärgere-dich-nicht". Das Spiel war im Animationsbüro ausgeliehen. Die Zeit schien angestemmt. Dreieinhalb Stunden können ganz schön lang sein, wenn man wartet.

Ausnahmsweise pünktlich kam der Bus, der uns zum Flughafen brachte. Gut drei Stunden später hob die Boeing 767 in Richtung Frankfurt/Main ab. Bei einer Durchschnittsgeschwindigkeit von 850 km/h, streckenweise über 950 km/h, flogen wir 11.900 Meter hoch. Die Außentemperatur betrug –60°C. Nach zwei Stunden und fünf Minuten landeten wir in Frankfurt. Von der unter uns liegenden Landschaft hatten wir auf dem Rückflug nichts gesehen, denn es war sehr früh dunkel draußen.

Flughafen in Monastir

kleiner, gemütlicher Flughafen

Unsere Koffer waren ebenfalls gut angekommen, trotz des bei der Anreise mächtig demolierten Koffers von Klaus. Klaus´ Schwester und Schwager holten uns ab und brachten uns nach Hause.

Tunesien hat uns sehr gut gefallen. Es ist eine völlig andere Welt. Zum einen landschaftlich: die karge Vegetation, die weite Steppenlandschaft, vor allem aber die Wüste. Das alles hinterließ bei uns einen großen Eindruck. Zum anderen die Menschen: solch eine Freundlichkeit und Zuvorkommenheit. Eile und Hektik sind für sie Fremdworte, wenn man einmal von Tunis absieht. Vor allem die Höhlenbewohner von Matmata sind beeindruckend.
Das Land strotzt vor Geschichte. Es besitzt zahllose Ruinenstädte der Phönizier und Römer, wogegen von der französischen Herrschaft nichts geblieben ist, bis auf ein paar Häuser in Tunis, denen man den französischen Stil ansieht. Na ja, und die Verkehrssprache ist auch Französisch. Tunesien ist modern geworden, was man auch an seiner Architektur sieht.

moderne Architektur Tunesiens

Die arabische Sprache hört sich sehr interessant an. Ich habe versucht, einige Worte zu lernen, wie „Wie geht es?", „Mir geht es gut.", „Bitte" und „Danke". Inzwischen weiß ich, dass man im arabischen alle personenbezogenen Worte, auf Mann, Frau und

Anzahl der Personen getrennt beziehen muss. Es ist also nicht so einfach wie Spanisch, Türkisch oder Deutsch.

Noch nächtelang beschäftigten mich Tunesien und die arabische Welt. Wenn ich in ein arabisches Land, aus welchen Gründen auch immer, ziehen würde, wäre es Tunesien, denn Tunesien hat eine moderne Lebensphilosophie. Die strengen arabischen Lebensregeln wurden vor vierzig Jahren per Reform abgelegt, Mann und Frau sind gleichberechtigt. Selbst, wenn Tunesien heute immer noch eine Männerwelt ist, haben die Frauen doch einen Großteil mitzubestimmen.

Hat Ihnen unser Reisebericht von Tunesien gefallen? Dann würde es uns freuen, wenn Sie eine Bewertung (Rezension) in dem Shop hinterlassen würden, in dem Sie das Buch/ebook gekauft haben, oder vielleicht auf unserer Homepage. Vielen Dank schon einmal im Voraus.

Besuchen Sie uns gerne unter www.akweltenbummler.com.